左宗棠

汪衍振 著

长江出版传媒

崇文书局

图书在版编目（CIP）数据

左宗棠 / 汪衍振著 . -- 武汉 ：崇文书局，2023.6
ISBN 978-7-5403-6694-0

Ⅰ．①左… Ⅱ．①汪… Ⅲ．①左宗棠（1812-1885）
—传记 Ⅳ．① K827=52

中国版本图书馆 CIP 数据核字（2022）第 057531 号

责任编辑：曹　程
封面设计：杨　艳
责任校对：董　颖
责任印制：李佳超

左宗棠
Zuo Zongtang

出版发行：长江出版传媒 ｜ 崇文书局
地　　址：武汉市雄楚大街 268 号 C 座 11 层
电　　话：(027)87677133　　邮政编码：430070
印　　刷：武汉市卓源印务有限公司
开　　本：710mm×1000mm　　1/16
印　　张：10.5
字　　数：140 千
版　　次：2023 年 6 月第 1 版
印　　次：2023 年 6 月第 1 次印刷
定　　价：42.00 元

目　录

引　言

清王朝在经历"康乾盛世"之后，它的繁荣就只是在靠祖辈的余荫，特别是到了晚清时期，闭关锁国的政策让大清王朝的形势岌岌可危。但从咸丰之后的同治朝开始，直到光绪二十年（1894年）"甲午海战"失败，在这三十余年的时间里，大清国却出现了极其少见的兴旺发达时期，史学家把大清国的这段时期称作"同光中兴"。

在历史的长河中，这个时期虽然很短，短得就像夜空里的流星一样，一闪即逝，但它却给后人留下了深刻的印象，以及许多难以解开的谜团。

一个王朝在走向没落的时候出现中兴，这种情况在历史上少之又少，却实实在在地出现在了清王朝。它不仅让江河日下的大清帝国又苟延残喘了将近五十年，还推动了整个中华民族与世界各国文化交流的历史进程。甚至可以这么说，如果没有同光中兴，中国与世界各国接轨的时间就要推迟很多年。同光中兴局面的到来，对中华民族的振兴，起到了至关重要的作用。

也许很多人都会有相同的疑问："继康乾盛世之后，大清国为什么又会出现同光中兴局面呢？"

在晚清时期，出现了三位给后人留下深刻印象的人物：曾国藩、李鸿章、左宗棠。正是因为这三个人携手齐力，才能力挽狂澜，让"病入膏肓"的大清朝又多支撑了几十年。

这里我们要讲的，就是其中的左宗棠。

左宗棠的功业和建树是多方面的。他潜心研究过农学，自诩"湘上农人"。他将茶叶由安化引到湘阴，并普及开来；他将棉花种植由江南推到塞北，成为筹边时耕战结合的重要内容。他系统研究过地理，特别是水利、水运，对国计民生的关注丝毫不亚于对军事的兴趣。他创办了中国第一个造船厂——福州船政局；他开设了中国第一家毛纺厂——兰州织呢局。他是洋务运动的先驱。

但左宗棠最值得后人称道的伟业，莫过于西出阳关收复新疆。

第一次赴京会试，二十二岁的左宗棠就已开始打量西北，关注新疆的置省和屯垦。他写诗说："石域环兵不计年，当时立国重开边。橐驼万里输官稻，沙碛千秋此石田。置省尚烦他日策，兴屯宁费度支钱？将军更莫纾愁眼，生计中原亦可怜。"

收复中国六分之一的国土——新疆，这是左宗棠个人的荣耀和骄傲，更是国家之福。左宗棠因其大才，在当时就被赞为"横览九州，更无才出其右者"。

曾国藩说："论兵战，吾不如左宗棠；为国尽忠，亦以季高为冠。国幸有左宗棠也。"当时还流传着这样一句话："天下不可一日无湖南，湖南不可一日无左宗棠。"

梁启超对他的评价是："左公乃五百年来第一伟人！"

但凡有才气的人，多少都会有点"怪"，左宗棠也不例外。

尽管年过四十才出道，但左宗棠却一直无视官场潜规则，从安德海、李莲英，到他的恩公曾国藩，甚至包括后来权倾朝野的李鸿章，他都得罪了个遍。他为官从政一根筋，最后却封侯拜相，成为晚清重臣、国家柱石。他是外国人眼里对中国国土贡献最大的人。

　　本书就来为大家详细讲述左宗棠。

第一章

出仕之前的左宗棠

两个人相谈之下，左宗棠最初还有些拘谨，谈着谈着就放开了。上下五千年，纵横数万里，左宗棠是行云流水，滔滔不绝，陶澍听得惊讶不已。

第一节 少年坎坷，空负才学屡试不第

嘉庆十七年十月初七（1812年11月10日），左宗棠在湖南湘阴县南文家局左家塅出生。父左观澜，县学廪生，开馆授徒。

左宗棠兄弟三人，长兄左宗棫，比左宗棠大十三岁；二哥左宗植，比左宗棠大八岁。左宗棠曾祖左逢圣，秀才；左宗棠祖父左人锦，国子监生[①]。到左观澜一辈，左家已经三代书香。

左宗棠四岁起随祖父读书，因聪慧而受到夸奖，说他"足昌吾门"。祖父预测这个小孙子，将来能光大老左家的门楣。

左宗棠五岁，全家迁到长沙左氏祠。左观澜仍然开馆授徒，左宗棠跟着两位哥哥在父亲的塾馆读书。

左宗棠十二岁，已经是县学廪生的大哥左宗棫病逝，年仅二十五岁。

左宗棠十四岁，二十二岁的二哥左宗植，因院试成绩突出，被选为拔贡[②]。

从左宗棫、左宗植的成绩来看，左观澜的确是教育界的精英，塾师中的高手。左观澜对左宗棠也非常看好。

---

① 监生：明、清在国子监肄业的，统称监生。初由学政考取，或由皇帝特许。监生有举监、贡监、生监、恩监、荫监、优监等名目。如未入府、州、县学而欲应乡试，或未得科名而欲入仕的，都必须先捐监生，作为出身，但不一定在监读书。

② 拔贡：贡生的一种。生员（秀才）一般隶属于本府、州、县学的，若考选升入京师国子监读书的，则不再是本府、州、县学的生员，统称贡生。

　　左宗棠十五岁，第一次参加童子试。二哥左宗植则以拔贡赴京朝考，因成绩优秀，赏八品顶戴，选新化县训导 ①。

　　左宗棠十六岁，参加府试，名列第二。但母亲突患急病，左宗棠归家侍奉老母，和院试擦肩而过。母亲不久病逝。

　　左宗棠十八岁那年，读到贺长龄、魏源合著的《皇朝经世文编》，顾炎武《天下郡国利病书》等书，开始注意各省山川形势、古今战守机宜。那时他受经世致用思潮影响颇深。

　　左宗棠十九岁，正是人生最好的季节，哪知祸不单行，身体原本很好的左观澜，送走老妻不足一月，竟然一病不起，很快也撒手人寰。左宗棠呼天抢地，深感老天对自己太不公平。埋葬父亲后不久，恰逢江宁布政使贺长龄丁母忧回到长沙，左宗棠按照礼节去拜访贺长龄，借机借阅贺府藏书。闲暇之时，左宗棠向贺长龄求教问学，以才华志节，为贺长龄所欣赏，推许为"国士"。所谓国士，是指一国当中才华出众的人。学富五车的贺长龄，并不因左宗棠年少还是白身而小看他，对他的评价很高。

　　这时，居心叵测的大嫂为了夺他名下的祖产，竟然买通族长，将他撵出家门。他二哥眼见兄弟流落街头，竟然置若罔闻。此时的左宗棠可谓哭天不应、叫地不灵，只好到村头城隍庙栖身，甚是凄惨。贺长龄几次欲把他请进家来，均遭拒绝，由此可见左宗棠之性格何等刚烈。

　　新年刚过，左宗棠二十岁。适逢长沙城南书院（即今日湖南第一师范学院）招考生员。左宗棠只身前往，一举考中第一名。按照

────────────

① 训导：县学副职、从八品。

书院规定，考中第一名者，不仅膏火全免，还免费提供伙食。此时，左宗棠才安定下来，开始全身心读书学习。说起来也真是凑巧，城南书院的山长，正是贺长龄的弟弟贺熙龄。贺熙龄也是文章大家，虽出身一榜，却是一代名流，与哥哥长龄一起，被人称为国朝二贺，声名远播。贺熙龄最讲求经世致用，对左宗棠也是倍加欣赏。

左宗棠在城南书院读书期间，与湘乡人罗泽南等友善。罗泽南与曾国藩也是好友。

道光十二年（1832 年）四月，为能参加湖南乡试，没有资格进场的左宗棠，只好求助于山长贺熙龄，欲借银以捐监生。贺熙龄知其制艺火候已到，赞成其捐监生，但苦于自家囊中羞涩，只好转商湘潭大户周乡绅。周乡绅从左宗棫、左宗植身上，料定左宗棠日后必有所成，便让贺熙龄保媒，欲招左宗棠入赘。贺熙龄知宗棠居无定所的窘境，遂一口允诺，答应乡试过后成婚。周乡绅于是替左宗棠出银捐得监生资格。左宗棠参加湖南乡试，张榜位列第十八名，中举人。八月，左宗棠遵师命入赘周家，娶周之长女诒端为妻。这年冬，左宗棠依制启程赴京参加会试，转年踏进考场。三场过后，名不在榜中。居京期间，左宗棠与同时应试的胡林翼订交。胡林翼，字贶生，号润芝，籍隶湖南益阳，与左宗棠同岁。胡林翼此次应试得中，钦点翰林院庶吉士[①]。左宗棠则返乡，继续攻读经史，

---

① 庶吉士：通称"庶常"。明设，清沿其制。在翰林院中设庶常馆，选新进士入馆，为翰林院庶吉士，分习满、汉文书籍，称"馆选"。三年期满后举行考试，成绩优良者分别授以翰林院编修、检讨等官，其余分授各部主事等职，或以知县优先委用，称为"散馆"。光绪末停科举，庶吉士改从外国留学毕业及本国学堂毕业者中选拔，经廷试后选用。

准备二次应试。

道光十四年（1834年），倔强的左宗棠以在妻家"耻不能自食"，决定携妻女离开周家借屋居住，靠微薄禄米养家糊口。自立门户后，左宗棠书联明志：身无半亩，心忧天下；读破万卷，神交古人。

道光十五年（1835年），左宗棠二次进京会试。考罢，仍不中，仅取为誊录，算是一种安慰。

道光十六年（1836年）左宗棠返乡后，更加发愤求学，志在必得。诒端受父母挑唆，屡与左宗棠口角，有时甚至恶语相向。夫妻不睦，于是左宗棠在年底纳张氏为妾。张氏貌美贤惠，颇得宗棠欢心。周乡绅夫妇及诒端深恨之。

第二节　对联结缘，幸遇陶澍结为莫逆

道光十七年（1837年），两江总督陶澍巡阅江西，回原籍湖南安化县省墓，路过醴陵。为讨陶澍欢心，醴陵县知县行文各县学、府学、书院和举人，悬重金为陶澍行馆求题门联。一时应者如云，唯独左宗棠所书之"春殿语从容，廿载家山印心石在；大江流日夜，八州子弟翘首公归"被选中，得赏银五百两。陶澍住进行馆，读门联大为欣赏。左宗棠那年二十六岁，正是风流倜傥的年龄。

陶澍越读这副门联越感觉用词讲究，大气磅礴，就连夜打发人把地方官请来，询问门联是何人所提。地方官不敢隐瞒，张口便说出"湘阴左宗棠"五个字。陶澍于是打发同来的护卫去请左宗棠。

左宗棠赶到行馆的时候，已到掌灯时分，二人稍事寒暄便开始谈话。左宗棠有一个特点，就是不管见多大的官，都不打怵。湖南盛传左宗棠自小就傲慢，和他这个特点有直接关系。

两个人相谈之下，左宗棠最初还有些拘谨，谈着谈着就放开了。上下五千年，纵横数万里，左宗棠是行云流水，滔滔不绝，陶澍听得惊讶不已。吃完夜宵，陶澍把左宗棠留在行馆，接着纵论古今，大有相见恨晚之意。左宗棠也为陶澍的识见所折服，引为知己。二人一夜交谈，竟成莫逆。

陶澍，字子霖，号云汀，湖南安化人，嘉庆七年（1802 年）进士，与贺长龄、贺熙龄均有交往。陶澍不仅官做得大，藏书也丰，以知人、识人称于世。陶澍对左宗棠如此欣赏，还因为早在二人相见之前，他就听说过左宗棠这个人。因为陶澍的长女，嫁的就是胡林翼。胡林翼在信里夸左宗棠是个奇才，陶澍还不信，经过此番交谈，已经不是信不信的问题了，而是欣赏加佩服。

陶澍回到江宁后，每与人交谈或书信往来，都要提及左宗棠，说左宗棠是当今不多见的大才，将来必立盖世奇功。这个时期的左宗棠，虽然是湖南乡下一名举人，但很多封疆大吏都知道他。

道光十八年（1838 年），左宗棠第三次进京会试，想不到仍然落第。左宗棠一怒之下，从此绝意科举，立志转攻经世致用之学。返乡途中，广购农书，并绕道江宁谒见陶澍。陶澍与左宗棠又是一连几日深谈，并相约结为儿女亲家。左宗棠把长女孝瑜许配给陶澍的独生子陶桄为妻。陶澍老年得子，陶桄年仅六岁。二人分别时，陶澍拿出自己的部分养廉银子送给左宗棠。因为左宗棠除了禄米，没有其他收入。陶澍赠银，堪称英雄相怜，惺惺相惜。左宗棠嘴上不说，心里已是非常感动。

归家后，左宗棠用陶澍馈赠的银子，置田十余亩，开始致力于农事，以区种为良，作《广区田制图说》一文。同时，从事舆图地学研究，抄录《畿辅通志》《西域图志》及各省通志中有关山川险要、驿道远近等内容，分门别类，编订成皇皇数十巨册。亲朋同窗俱不解，以为无用，均嘲笑之，说他不好好用功读书。只有陶澍来信鼓励他，认为他干的是正事。

道光十九年（1839 年），陶澍病逝于两江总督任所。临死遗命夫人，嘱咐她一定要花重金聘请左宗棠来家，教授未成年的儿子读书。夫人将陶澍遗书转至湘潭，礼聘宗棠入府设馆。

道光二十年（1840 年）春，二十九岁的左宗棠遵陶澍遗命，携妾张氏到安化陶府，设馆教授陶桄，并帮同料理家事。在陶府期间，左宗棠最大的收获，是得以遍读陶府藏书，开始研究兵书战策，写成《料敌》《定策》《海屯》《器械》《用间》《善后》等有关兵事的文章，提出练渔屯、设碉堡、简水卒、练亲兵、设水寨、省调发，以及设厂造炮船、火船等策，以为"固守持久之谋"，进而达到"海上屹然有金汤之固"之目的。

第三节　退耕隐读，湘江夜谈再遇伯乐

道光二十二年（1842 年）七月，中英签订《南京条约》，第一次鸦片战争结束。左宗棠目睹时局败坏，心生隐居山林、力耕读书之念。十月，陶澍的女婿时任翰林院编修的胡林翼，丁父忧归里，到陶府居住，与左宗棠共同料理陶府家事。左、胡二人每日谈论时局，时常通宵达旦。胡林翼每服其说，视为异人。

道光二十三年（1843 年），左宗棠用陶府所赠的束脩，在湘阴南乡柳家冲，添购田产七十亩，又大兴土木，造宅院一座，取名"柳庄"，并将妻小从湘潭迁回柳庄居住，聘请一名管家料理农事，自己仍在陶府任教。授课余暇，即回柳庄，督工耕作，巡行陇亩，自号"湘上农人"，又号"今亮"，取当今诸葛亮之意也。

这个时期的左宗棠比较闲适，教课之余，就是读书，时常与胡林翼讨论时局和应对之策。

道光二十七年（1847 年），左宗棠三十六岁，他结束了在安化陶府家馆的塾师生活，返回柳庄。督耕之余，仍以研究兵书战策为乐。是年八月，长女孝瑜与陶桄完婚。是年，郭嵩焘会试得中，选翰林院庶吉士。左宗棠并不后悔。

道光二十九年（1849 年），陶澍生前好友林则徐出任云贵总督，此时已署理贵州安顺府知府的胡林翼，飞书林则徐，称颂左宗棠之才，推荐左宗棠佐幕。林则徐允诺，因为陶澍生前曾多次向他提起过。遗憾的是，左宗棠因事牵掣未往。

道光三十年（1850 年）一月，林则徐赴任途中特意转道长沙，邀左宗棠见于湘江舟中。二人相谈一昼夜，林则徐深服其论，"诧为绝世奇才"。

这年六月，拜上帝会首领洪秀全，令各地拜上帝会组织齐聚广西桂平县金田村，准备起事。上命林则徐为钦差大臣，驰赴广西督办军务。林则徐急忙驰书左宗棠，请左宗棠赶快上路，约好在广西相见。左宗棠接信即将家事、农事交给妻、妾及管家料理，仅带一名随从赶往广西。十一月，林则徐赴任途中病逝。在路上的左宗棠闻讯大恸，痛不欲生，只得重返柳庄。

广西事急，各省震动。左宗棠料定，洪秀全起事之后，广西官军必败，遂邀丁忧[①]翰林郭嵩焘周历湘阴东山，寻找躲避兵祸之地。左宗棠选白水洞建屋，郭嵩焘选择周礤岭造宅。

这个时期的左宗棠悠闲而舒适，躬耕于柳庄，每日邀几名文友结社切磋文章。左宗棠放弃科举，分明是想就这样过一辈子了。

如果不是洪秀全起义，左宗棠说不定还真能这样过一辈子。

人物链接

◎ 洪秀全（1814—1864）

太平天国领袖。广东花县（今广州花都）人，原名仁坤。落第秀才。1843 年（道光二十三年）创拜上帝会，提出天父上帝是唯一真神，人人应拜上帝等，广为宣传，信者颇众。1851 年 1 月 11 日，率众在广西桂平金田村起义，建号太平天国，称天王。12 月，又封杨秀清、萧朝贵、冯云山、韦昌辉、石达开为东、西、南、北、翼（义）各王，并由东王节制其他诸王。1853 年，占领金陵（今江苏南京），改金陵为天京，定天京为天国都城。入天京后，开始修建天王府，以后便深居简出，奢侈享乐。1856 年 9 月，杨韦事变爆发，出现内讧，太平天国风光渐渐不再，洪秀全在 1864 年（同治三年）城破前一天服毒自杀（一说病死）。

---

① 丁忧：旧时称遭父母之丧为"丁忧"。清代制度，官吏丁忧，须离职守制。

第二章

在张亮基幕府

此战过后，左宗棠名声大震。这是左宗棠出山以来首次统军作战，不期竟大获全胜，长沙军民无不称奇。此役，也奠定了左宗棠湖南巡抚衙门第一幕僚的地位。

第一节　临危入幕，初次用兵长沙大胜

道光三十年十二月十日（1851年1月11日），洪秀全在广西桂平县金田村宣布起义，不久建号太平天国。朝廷急忙调官军镇压，哪知这些官军根本不是太平军的对手，竟然连遭败绩，节节败退。太平军乘胜向各省进军。

为了躲避兵祸，左宗棠这时将妻小移至东山白水洞居住。

咸丰二年（1852年），左宗棠四十一岁，下巴上已经有了胡子。

四月，太平军挺进湖南，占领道州。湖南守军大败。朝廷无奈之下，急忙将湖南巡抚骆秉章革职，命其在军前戴罪立功。急调云南巡抚兼署云贵总督张亮基，驰赴长沙，出任湖南巡抚。贵州黎平知府胡林翼，一见自己的上级领导张亮基调任湖南，就急忙驰书他，举荐左宗棠辅佐兵事。说左宗棠很早就研究兵书战策，是三湘极少见的

人 物 链 接

◎ 骆秉章（1793—1867）

广东花县人。原名俊，字吁门，号儒斋。道光进士，选庶吉士，期满散馆授编修。1848年（道光二十八年）擢侍讲学士，1850年由贵州布政使升任湖南巡抚。1852年（咸丰二年），太平军北上入湖南，围长沙八十余日不克，他以守长沙有功，从此为清廷所倚重。后支持曾国藩建立湘军，又延湘阴举人左宗棠为幕僚，练勇打击太平军。1854年以后，出兵打击湘南天地会起义军，协助镇压贵州苗民起义。1861年调任四川总督率湘军入川，镇压李永和、蓝朝鼎起义。1863年（同治二年）诱杀石达开于大渡河边，清廷授以太子太保衔。1865年派周达武击灭西北太平军余部梁成富军于甘肃阶州（今武都）。后病死于四川。

军事人才。身为封疆大吏的张亮基比较自负，收到胡林翼的信，知道胡与左是旁亲，所以根本没有放在心上。

◎ **张亮基**（1807—1871）

江苏铜山（今江苏徐州）人。字采臣，号石卿。道光举人。曾为内阁中书、侍读。1846 年（道光二十六年），出任云南临安知府，复调署永昌，升云南按察使。1850 年，迁布政使，擢云南巡抚，次年 1 月，兼署云贵总督。1852 年（咸丰二年），调湖南巡抚，次年署湖广总督，复调任山东巡抚。巡抚湖南、总督湖广期间，延湘阴举人左宗棠为幕僚，佐兵事。

六月，太平军攻取江华、永明。七月，太平军自道州东进，五日内连下嘉禾、桂阳州二城。八月，太平军攻占湖南重要城郭郴州。十月，东王杨秀清率太平军先头部队抵达湖南省城长沙，大举攻城，其势甚猛，守城官军几不能敌，长沙岌岌可危。张亮基一到长沙，看到的是太平军三面围城。在里应外合之下，张亮基搭梯子进了城。望着城下密密麻麻的太平军，张亮基无计可施，这才想起胡林翼。由胡林翼又想到左宗棠，只好利用夜间太平军松懈之机，打发人潜出长沙，到湘阴东山白水洞，去请左宗棠。《左宗棠年谱》的原话是："缒城而入"。什么意思呢？就是用绳子绑着腰吊起来进城。可见形势多么危急。

奇人就是奇人，奇人进城的方式，都和常人不一样。

左宗棠一进城，当天就被张亮基请进巡抚衙门。两个人是一见如故。左宗棠直爽，张亮基性子更急，一见左宗棠就问守城大计。

左宗棠告诉张亮基："太平军已经围困省城多日，守城军兵已经疲惫，如不及早想办法，长沙必失无疑。"

左宗棠又说："我刚才看了一下城防。我认为，只要长沙城四个城门中能保证一个城门不被围困，粮草就能运进城来。守城官军只要有粮草可依，军心就不会涣散。"

当前急务，是必须保证北门的安全。

张亮基认为左宗棠言之在理，连夜重新布防，往北门增兵。

第二天，张亮基又听从左宗棠的建议，从水路把湘乡的八百团练及湘阴的六百团练全部接了过来，连夜调派到北门的湘江两岸修筑炮台。

越两日，太平天国西王萧朝贵率万人乘三十几艘大战船，沿湘江直向长沙北门而来，力求一战功成。

两岸炮台守军一见，急忙点燃炮信，二十门大炮同时开火，震得地动山摇。战船上的太平军将士猝不及防，一时竟然无法应战，纷纷落水。轰不多时，旗舰上突然飘起撤字令，各船很快撤出北门。

这是为什么呢？因为清军的一顿炮火，竟然把萧朝贵给轰死了。

听说轰死了萧朝贵，左宗棠急忙建议张亮基，让百姓把闲置的木料捐出来，太平军死了这么大一个人物，洪秀全肯定要报仇，等他们来到，就把木头都放到江里，无论如何不能让他们的船靠近北门。

张亮基对左宗棠几乎是言听计从，说啥是啥。

三日过后，洪秀全、杨秀清二人，果然率一万五千人，分乘五十几艘大战船，向长沙扑来。各船船头白幡招展，船上将士也都身着重孝，气势颇为夺人。太平军顺江直奔长沙北门而来。

两岸炮台不敢怠慢，齐把炮信点燃，一时间，二十条火龙呼啸着轰向船队，打得湘江江面一片硝烟。

左宗棠又让军兵将滚木抛入江中，并调派了五百名弓箭好手守在岸边，一旦太平军船队冲开滚木前行，即行放箭。

长沙城四门鏖战两昼夜，尸横城垣内外，护城河水已变成血红色，湖南省城仍牢牢地掌握在清军的手里。

四十几日后，清军的援军广西提督向荣、钦差大臣塞尚阿、湖广总督程矞采，也各督所部官军，从各自营地起程奔赴长沙救援。

洪秀全不敢恋战，率军撤走。

太平军围困长沙五十几天，终于无功而去。

此战过后，左宗棠名声大震。这是左宗棠出山以来首次统军作战，不期竟大获全胜，长沙军民无不称奇。此役，也奠定了左宗棠湖南巡抚衙门第一幕僚的地位。

太平军离开长沙后，直扑湖北，很快就把湖北省城武昌打破。

消息传到长沙，左宗棠急忙建议张亮基，湖南兵单，应从速奏请朝廷，调黎平知府胡林翼来长沙任职。因为左宗棠从张亮基的口中得知，胡林翼在黎平知府任所，练成勇丁六百，在境内打仗很是得力。左宗棠此时最怕太平军二次来打长沙城。

张亮基全部照办。

第二节　名传天下，不惑之年终获官身

咸丰二年十一月二十九日（1853 年 1 月 8 日），诏授二品高官、湘乡在籍丁忧侍郎曾国藩，为湖南团练大臣，帮同办理湖南军务。

张亮基经过和曾国藩、左宗棠商量，把罗泽南、王鑫、罗信南所训练的一千余名湘乡团勇[①]，全部调到长沙，交曾国藩约束训练，并配合官军防守省城。

左宗棠对曾国藩并不看好，认为曾国藩太刻板，不会变通，又是一介文官，办团练未必能办出成效。当时，曾国藩本人也对办理团练缺乏信心。

咸丰三年（1853 年）正月初二，太平军放弃武昌东下，连克九江、安庆，于二月十一日将两江总督衙门所在地金陵城占领。很快，金陵被定为太平天国首都，改为天京。

湖南浏阳人周国虞聚众起义，建号"征义堂"。左宗棠建议张亮基密派江忠源率领麾下楚勇，赶往浏阳，打了周国虞一个措手不及。起义宣告失败。

也是这一年年初，朝廷命潘铎署理湖南巡抚，骆秉章出任湖北巡抚，张亮基则驰赴武昌，署理湖广总督。张亮基请左宗棠随行。

---

① 勇：清朝称战争时期临时招募，不在平时编制之内的兵。

左宗棠跟着张亮基赶往武昌途中，接到圣旨，因防守湖南有功，以知县用，并加同知①衔。从这一刻起，左宗棠虽然仍是张亮基幕僚，但总算有了官身。确切时间是咸丰三年（1853年）正月，左宗棠已经四十二岁。

接到圣旨，左宗棠感慨万千。曾国藩在四十多岁的时候，已经是名满天下的二品侍郎了，而他只混了个正五品顶戴，还是空的。

不管怎么说，不想进入官场的左宗棠，最终还是凭着自己的真才实学，迈进了官场大门。考虑到武昌城防空虚，左宗棠建议张亮基，奏请起复②江忠源。

左宗棠告诉张亮基，江忠源以练勇起家，曾做过陕西候补③知府，现在正在新宁丁忧守孝。

左宗棠对张亮基提出江忠源的楚勇现在归钦差大臣赛尚阿调遣，只要朝廷起复江忠源，江忠源不仅能很快募起一支新勇，还能把留在赛尚阿身边的楚勇拉过来。当时是特殊时期，领兵大员要用谁，只要一个折子上去，朝廷都能答应。

圣谕很快下来：赏江忠源四品顶戴，以道员用，同意张亮基将其带赴湖北差遣委用。

张亮基则让左宗棠给江忠源书信一封，命江忠源就地募勇千

---

① 同知：官名。元、明、清置，通常为副长官。
② 起复：明、清两代指服父母丧满，重新出来做官。
③ 候补：清制。没有补授实缺的官员在吏部候选后，吏部再汇列呈请分发的官员名单，根据职位、资格、班次，每月抽签一次，分发到某一部或某一省，听候委用，称为"候补"。但也可以出钱免予采取抽签方式，自由指定到某处候补，称为"指省"或"指分"。

人，然后再到武昌报到。

左宗棠此时离开湖南也好，因为他到长沙不足半年，就因为城防的事，和湖南提督鲍起豹闹得不愉快。鲍起豹已经放出话来，早晚找人收拾左宗棠。左宗棠也不是省油的灯，两个人就一直僵持着。

现在，左宗棠总算离开了长沙，鲍起豹也就没必要和左宗棠过不去了。这就是左宗棠的性格，根本不按官场规矩办事，我行我素。

朝廷很快围着金陵组建起江南、江北两座大营。

张亮基这时收到圣谕，张亮基奏请调贵州黎平府知府胡林翼的折子，朝廷没有批准。

张亮基让左宗棠想办法，左宗棠马上举荐刚回到湘阴原籍丁忧的郭嵩焘帮办湖北团练。

左宗棠推荐说，郭嵩焘不仅是制艺高手，还注重西学，赞同引进洋人的火枪火炮。这个人目前是大清国最有见识的官员。

左宗棠与曾国藩、郭嵩焘均有交往。但曾国藩是湘乡人，郭嵩

◎ 郭嵩焘（1818—1891）

　　湖南湘阴人。字伯琛，号筠仙，晚号玉池老人。学者称为养知先生。早年游学岳麓书院，与曾国藩、刘蓉相交往。道光进士，授翰林院庶吉士，期未满便丁父母忧回籍。1853年初（咸丰二年底），随曾国藩办团练，曾国藩注重湘军水师，实由郭发其端。咸丰七年授编修，次年入直上书房。咸丰九年英法联军侵犯大沽时，派赴天津协助僧格林沁，议不合，辞去。1862年（同治元年），授苏松粮储道，迁两淮盐运使。次年升广东巡抚，后与两广总督瑞麟不合，被黜。1875年（光绪元年），授福建按察使，未到任，命在总理衙门上行走。光绪二年，被派赴英国对"马嘉理案"表示"惋惜"，并首任驻英大臣。光绪四年兼驻法大臣，次年以病辞归。主张学习西方科学技术，办铁路、开矿务，整顿内务，"以立富强之基"，遭到顽固派的猛烈攻击。

焘是湘阴人，左宗棠与郭嵩焘的关系相对曾国藩而言更近一层。这一则因为左、郭二人是一榜同年，又同在长沙城南书院求过学，二则因为同是湘阴人，是真正的同里①。而曾国藩则不同，曾国藩虽仅比左宗棠年长一岁，但出道早，到咸丰二年（1852年）时，左宗棠尚未入张亮基幕府，仅是乡间一孝廉，郭也刚入翰苑，尚未正式踏上仕途，曾国藩已是天下皆知的二品侍郎，是大清国数得着的高官。鉴于这两层原因，左宗棠对曾国藩便有意无意地有些疏远，而对郭嵩焘则非常亲近。

为了收复金陵，张亮基奏请起复郭嵩焘的折子还没进京，朝廷的圣旨倒先下来了：赏江忠源三品顶戴，率楚勇迅速出省赶往江南大营帮办军务。

张亮基手里又没兵了，找左宗棠讨主意，左宗棠想了又想，只好让张亮基再次奏请调派胡林翼率部入鄂。

咸丰帝接到张亮基的折子后，经反复思虑，也感到湖北兵力太单，若太平军大举进攻，定难抵挡，于是下旨照准。张亮基至此心稍安定。

咸丰三年（1853年）四月，太平天国先后派林凤祥、李开芳等率军北伐，胡以晃、赖汉英等率军西征。为配合太平军行动，福建、上海小刀会起义，湖南郴州朱九涛起义，湖北各县义堂会亦准备适时起义。

六月，左宗棠随署湖广总督张亮基出巡鄂省下游，布防广济田

---

① 同里：同乡。

家镇。在田家镇，左宗棠向张亮基建议欲战败太平军，非武装水师、控驭长江不能收全功。左宗棠的想法，与江忠源、曾国藩的想法不谋而合。

张亮基表示赞许，准备一回到武昌就上奏朝廷，力求在短期内在武昌建成一支水师营。

左宗棠当晚就把张亮基的话函告曾国藩、江忠源、郭嵩焘三人。

左宗棠是真高兴，因为他平生的抱负，就是在军事上有所造诣。如今这个愿望就要实现了，他怎能不高兴。

哪知张亮基刚回到武昌，便收到调任山东巡抚的圣旨，委托左宗棠筹建湖北水师营的事就泡汤了。眼望着圣旨，左宗棠欲哭无泪。他这回可是伤透了心，当张亮基请他一同去山东赴任时，他摇头拒绝了。他决定回到湖南柳庄，继续过耕读生活。

无论张亮基怎样挽留，左宗棠都没有答应。

第三节　水师梦碎，辞幕归家二次退隐

左宗棠与张亮基即将分手之际，又收到一道圣旨：因策划镇压浏阳周国虞"征义堂"有功，以同知直隶州用。接旨在手，左宗棠很无奈地长叹了一口气。他现在已经对虚名不再感兴趣。

与张亮基分手后，左宗棠乘舟返湘。路过监利的时候，突然舍舟登岸，决定去看望一下王柏心。张亮基几次巡查防务路过监利，都要与王柏心见上一面。左宗棠每次都随行，故此与他相识。说起这王柏心，还当真是大清国的人物。

王柏心的家庭与左宗棠相仿。王的曾祖父王秉道，是乾隆三十年（1765 年）湖北副榜。他的祖父王文模，邑庠生 ①。他的父亲王为典，更是博览群书，于诸史研究尤详，为清廷奉直大夫。王柏心本人与左宗棠的大哥左宗械同岁，他道光二十三年（1843 年）中举，次年中进士，授刑部主事。可惜他乐于穷经，无意仕途，任职仅一年，便以"家有老母，无人奉养"为辞，告养乞归。返里后，受聘主持荆南书院，一面讲学一面著书立说。对治理江河颇有研究。所著《导江三议》一书，就是他的治水思想和治江策略的集中论述。他在《导江三议》一书中写道："昔者治江，以疏导之法，多留穴口，因而水患小，后之治江，则主要以设堤防水，因而江患随之频生。"

洪秀全在广西桂平金田村成立太平天国后，王柏心马上响应朝廷号召，以"维护孔教"为名，办地方团练。后来，洪秀全率领太平军攻克岳州，拥船东下，到监利县杨林山，分兵驻扎螺山，下令捉拿王柏心。洪秀全要将王柏心碎尸万段。王携母逃匿湖南山中，在幽静的环境中，闭门谢客，潜心写作，著有《漆室吟》。曾国藩丁母忧回籍，不久受命帮办湖南团练，也几次写信向他请教办团练的经验，还把他请到长沙住过几天。在长沙期间，曾国藩对王的诗稿甚为赞赏，说他学有本源，常褒扬于左右。张亮基总督湖广后，也于到任不久就去拜访他，致使王柏心名声愈发大震，一时间，八

---

① 庠生：科举制度中府、州、县学生员的另称。庠是古代学校之名。

方学子争相求学荆南书院，为的是看一眼王柏心。

听说左宗棠到了，王柏心急忙与之相见，这才知道，张亮基就要离开武昌去巡抚山东。

左宗棠与他交流了一下对时局的看法，又参观了一下荆南书院。王柏心则把自己没有刻印的著作一一拿给左宗棠看，说是请教，实际是在炫耀。

王柏心对左宗棠说原本想把这几本拿给张亮基，求张亮基出几两银子把它们印出来，哪知道张亮基这么快就走了。左宗棠一笑置之。

左宗棠于咸丰三年（1853年）九月初四回到湘阴县城，次日就归隐东山白水洞。左宗棠把官服顶戴都脱下包起来，每日布衣布鞋，或读书，或访友，优哉游哉，怡然自得。

再有几天，左宗棠就四十三岁了。圣人云：三十而立，四十不惑，五十知天命。左宗棠已经过了不惑的年龄，无论怎么努力，都很难有大的发展了。他不是个随便认输的人，可面对残酷的现实，他不认输又能怎样？一想到这些，左宗棠就恨老天对他不公。

咸丰四年（1854年）说到就到了，左宗棠听说，湖南巡抚又换成了骆秉章。

正月十九，正在白水洞静心读书的左宗棠忽然听说，太平天国西征大军再次攻克汉口、汉阳，已经旋风一般向长沙扑来。左宗棠大吃一惊。他知道太平军不放过长沙的主要原因是要为萧朝贵报仇。左宗棠开始替兵力空虚的长沙担忧了。

很快，从衡州传来消息，说丁忧侍郎曾国藩，已经练成湘勇陆军和水军两支队伍，一万余人，就要出兵北上，迎战太平军。

二月初一，太平军先克岳州，随后马不停蹄攻占湘阴。太平军在湘阴大肆抢掠，又派人四处寻找左宗棠的下落，声言要拿左的人头祭奠萧朝贵。有人进山把太平军的话传给左宗棠，让左宗棠到别的地方去躲藏。左宗棠正欲搬家，哪料到曾国藩派出的人马打了过来。太平军急忙撤军。湘阴县城这才侥幸逃过一劫。

听说刘蓉在曾国藩幕府做事，左宗棠急忙给刘蓉写信，认为湘军① 若分河东、河西两路北上进剿太平军，必获大捷。

骆秉章打发的人来到了白水洞，把一封骆秉章亲笔信交给左宗棠。左宗棠与骆秉章比较熟悉，但两个人并没有过深的交往。读过信后才知道，骆秉章是来请他出山的。

左宗棠提笔便给骆秉章回信一封，他想都没想一口回绝了。左宗棠宁可老死山林，也不出去给人当幕僚了。这是左宗棠和张亮基分别时对自己立下的誓言。与其为他人作嫁衣，还不如老老实实写几篇好文章，踏踏实实经营好自己的地呢。

但骆秉章却不想轻易放弃左宗棠。没过三天，他打发的第二拨人又到了，还是老调重弹，请他出山帮助防守省城。

左宗棠一笑，直接说："我也不写信了，你就直接替我转告抚台吧，别打发人进山了，我不可能去他那里。"

骆秉章的人走后，左宗棠该干什么还干什么。他认准的事，九头牛也拉不回来。

---

① 湘军：咸丰三年（1853年），曾国藩为镇压太平军，在练勇基础上扩编而成，是清末重要的兵系之一。

那么，骆秉章后来是怎么把左宗棠请出山的呢？有说骆秉章抓了他的姑爷，也就是他的大女婿陶桄，用陶桄来逼左宗棠就范。不过，按左宗棠的性格，骆秉章如果真这么做，不仅达不到目的，还会加剧左宗棠对他的反感。还有的说是在曾国藩出面再三劝说下，左宗棠才决定出山的。其实，左宗棠回来之后不久，曾国藩就率领水陆大军，出省去迎战太平军了。照此看来，这种情况也不大可能。实际情况是：在骆秉章"三遣使币入山敦促"下，左宗棠感念时事愈棘，乃再入湖南巡抚幕府。也就是说，左宗棠二入湖南幕府，是因为迫于形势。还有就是太平军进入湘阴后所放出的狂言，也是左宗棠决定出山的一个原因：你们不是要拿我的人头去祭奠萧朝贵吗？好，我就出山去和你们斗一斗，看看到底谁是赢家。有了这个不服输的想法，左宗棠二进湖南巡抚衙门。

第三章

在骆秉章幕府

不过，经过这么一折腾，左宗棠的名声总算大了起来。各省督抚乃至各路统兵大员几乎都知道，湖南幕府有个左宗棠，是个才学过人，却又无意仕进的能员。

第一节　扭转乾坤，出兵湘潭一战大捷

同张亮基一样，左宗棠一到长沙，骆秉章就委以重任，不仅让他负责文案，还辅佐兵事。

这个时候，湖南提督已经不是鲍起豹，而是塔齐布。塔齐布是曾国藩保举上来的人，对曾国藩看好的人，塔齐布从来不说二话。但鲍起豹的老部下樊燮，却一直对左宗棠不看好，背后说了左宗棠不少坏话。

樊燮是永州镇总兵，是钦命的二品武职大员。鲍起豹哪儿去了？鲍起豹被团练大臣曾国藩给参走了。但这个樊燮也不是个善茬儿，虽然表面不说什么，其实早就对左宗棠看不惯。一见左宗棠又被骆秉章请进了巡抚衙门，樊燮气得直对人发牢骚，说湖南除了左宗棠，真是没别的能人了。

樊燮虽然生气，但他还真不敢对左宗棠怎么样。因为此时的左宗棠已不是两年前的左宗棠了。那个时候，左宗棠还仅仅是湖南乡下的一名举人，而现在的左宗棠，已经不是白身，是五品顶戴的同知直隶州了。

五品同知直隶州是个多大的官呢？相当于现在的副厅级。当然，因为是候补，没有实缺，只能是相当于。但就这个，身为武官的樊燮，也不敢惹。别看樊燮被朝廷赏了一品顶戴，署理提督，但大清讲究的是文官贵，武官轻。不管樊燮怎么样，左宗棠有骆秉章罩着，真没人敢惹。

左宗棠到长沙的第三天，太平军再克岳州，二次将湘阴占领，并分兵去取湘潭，发誓要取左宗棠人头。湘潭当天也被太平军拿下。这个时候，曾国藩的水师营，在靖港被太平军石达开部打败，船只损失过半，曾国藩一气之下，选择投水报国，但被卫兵拼死救起。

消息传到长沙，骆秉章、塔齐布、彭玉麟、杨载福等人，主张尽快发兵去支援靖港，只有左宗棠力排众议，主张先收复湘潭，认为只要取得胜利，曾国藩和他的水师营，危险自然解除。骆秉章经过慎重思考，采纳了左宗棠的建议，马上饬命塔齐布、周凤山率一路湘军一千三百余人，走陆路去收复湘潭，彭玉麟和杨载福率湘军部分水师配合。

得知清军杀向湘潭，正在湘阴的太平军，急舍弃湘阴赶往湘潭，合力来战清军。埋伏在半路的彭玉麟的水师营一见，驾船飞出，一时间硝烟弥漫，枪炮声连环响起。塔齐布更是身先士卒，跃马扬旗，带着人马往来厮杀。提到塔齐布收复湘潭一节，左宗棠在替骆秉章写给朝廷的《靖港击贼互有胜负湘潭大捷克复县城折》中这样写道："塔齐布手执大旗，麾各路兵勇奋勇向前；周凤山严督后队继进，手刃临阵退缩之勇七人。塔齐布与周凤山纵横血战，立斩该逆伪统领先锋六名，伪都督元帅三名，毙贼五百余名。贼匪纷纷溃散。"

按曾国藩给朝廷上的折子中的统计数字，"此次水陆痛剿，毙贼近万"。太平军在湘潭被打败，靖港的太平军一见形势不妙，马上向北撤退。曾国藩和他的水师营，不救而危险自除。

从湘潭大捷中我们可以看出左宗棠的韬略：左宗棠用兵，善于从绝境里看出生机。这一点，不仅张亮基、骆秉章佩服，连曾国藩，也很佩服。

此战过后，左宗棠的威望如日中天，不仅曾国藩经常向他请教军事上的问题，骆秉章更是把整个巡抚衙门，都交给他管理。有时他替骆秉章起草的奏折，骆秉章看都不看，直接鸣炮拜发。渐渐地，有人就在背后给他起了个"二巡抚"的绰号。同时，为了保证一家大小的安全，左宗棠将家眷迁到湘潭辰山。

因为湖北被太平军占领，左宗棠会同郭嵩焘等人，和骆秉章商量"力定越境剿贼之计"，琢磨怎样派兵出省去增援湖北。

曾国藩这个时候，整天忙着重整湘军水师旗鼓的事，顾不上别的。

左宗棠有事为什么宁可和郭嵩焘商量，也不和曾国藩商量呢？说实话，别看曾国藩是二品侍郎，要讲用兵打仗，他对曾国藩不看好。曾国藩尽管经常向他请教问题，他也是把脸一扬，高兴就多说几句，不高兴，几句话应付过去。曾国藩知道他的性格，也知道他专门研究过军事，所以并不生气。谁让这个时候的左宗棠受骆秉章器重，春风得意呢？

咸丰五年（1855 年）十月，太平天国西征大军连续攻陷江西瑞州、临江、袁州等地。兵锋甚锐，全国震动。消息传到长沙，骆秉章连夜召集人开会，商讨对策。左宗棠力主派兵支援江西。左宗棠向骆秉章这样说道："江西一有蹉跎，则江、浙、闽、广皆为贼有，而湖南亦危，东南大局不可问矣。以时局论，故无有急于援江

西者。"

经左宗棠一再争取，骆秉章决定组织六千兵勇援赣，配合部分湘军以及赣军对抗太平军。太平军一看清军援军陆续赶到，急忙扯旗进入贵州。左宗棠又向骆秉章提出派兵援黔建议，骆秉章采纳了左宗棠的建议。

在策划防务的同时，左宗棠还有一个更艰巨的任务，就是为出省作战的几万湘军筹措和运送粮饷。为了不让几万湘军饿肚皮，左宗棠跑遍了湖南的山山水水，不辞辛苦，劝捐筹粮。

第二节　造化弄人，屡受举荐难授实权

眼见湖南的形势见好，在京供职的湖南籍官员开始纷纷告假回籍省亲、省墓。这当中就有一位京堂，也回到湘潭省墓。家里人便向他说起上年太平军打进湘潭的事，把左宗棠好一顿夸奖。说要不是左宗棠使用围魏救赵之计，不要说湘潭，就是湘阴，也不能保全。说完这件事，家人又说了另外几件与左宗棠相关的事。还说太平军围困长沙八十几天，不仅没有打破城池，还死了一个王爷，就是因为有左宗棠在。这位京堂想不到左宗棠如此了得，心里佩服得不得了。

这位京堂回京之后，逢人就讲左宗棠如何了得，还说一个左宗棠，相当于十万军兵。这话引起了一个人的注意，谁呢？就是都察院监察御史宗稷辰。别看这位宗稷辰官职不大，却是京官当中出了名的言官。

太平天国举义之初，咸丰下诏求言，宗稷辰当先上疏，请朝廷在全国各省推行保甲制度，认为保甲之法利于社仓、团练。咸丰认为宗稷辰所奏甚合当前机宜，命各地督抚参酌执行。一看自己的奏疏得到皇上夸奖，宗稷辰大喜过望，马上又递上一折，请统筹财政出入，宜崇实去伪，清查弊端。此折被咸丰留中不发。宗稷辰好不苦恼。咸丰五年（1855 年），咸丰将谒陵，宗稷辰听说之后急忙疏言"畿南州县被水，连岁用兵，民气甫行休息，吁请展缓一年"。咸丰未及把折子读完便勃然大怒，不仅未准奏，还斥责了他一顿。宗稷辰并不气馁，正准备找个机会再上一折，把自己的面子找回来，恰巧就听说了左宗棠的事。

为了慎重起见，宗稷辰特意把那位京堂请到馆子里吃了一顿，把

人 物 链 接

◎ **咸丰皇帝**（1831—1861）

即爱新觉罗·奕詝，道光帝第四子。庙号文宗，年号咸丰。1850—1861 年在位。1851 年（咸丰元年）派兵镇压太平天国起义。1853 年太平军北伐，严重动摇清政府的统治。他重用肃顺、彭蕴章等筹划财政，依靠曾国藩等汉族地主武装顽抗。1856 年 10 月，英、法侵略军发动第二次鸦片战争。次年 12 月，攻陷广州。1858 年，大沽炮台失陷，他派桂良、花沙纳赴天津，同俄、美、英、法分别签订丧权辱国的《天津条约》，又派他们至上海与英、法、美订立《通商章程善后条约》。1859 年，大沽炮台守军击败英、法侵略军的进犯，战争复起。次年，英、法联军攻占大沽炮台，进攻北京，他逃往热河（治今河北承德），命恭亲王奕訢议和，又分别与英、法、俄签订《北京条约》。1861 年 8 月，病死于热河行宫。

京堂夸奖左宗棠的话逐件落实后，连夜笔走龙蛇，给咸丰陈上一折，说："自粤匪窜据长江，多年以来，文臣武将，能作战者越来越少，难得人才，而多不尽其用，或以死殉，或以罪罢官。"宗稷辰请求朝廷开文武兼资一科，广收天下人才，才尽其用。接着笔锋一转，谈到左宗棠，称："湖南之左宗棠，不求荣利，迹甚微而功甚伟。若使独当一面，必不下于胡林翼诸人。"

折子写完，他并没有马上往宫里递，毕竟因为疏言不慎，刚被咸丰申饬。不过他挺走运，偏赶这时，咸丰又下旨命百官荐贤举能。宗稷辰一看机不可失，当天就把折子递了进去。

宗稷辰这篇折子，让咸丰知道了湖南还有个"不求荣利，迹甚微而功甚伟"的左宗棠。这也是咸丰第一次听说左宗棠的名字。

按照《左宗棠年谱》记载，咸丰五年（1855年）十二月，两道圣旨飞递给湖南巡抚衙门。

第一道圣旨是关于左宗棠的：

都察院御史宗稷辰奏平寇需才，请保举备用一折。现在用兵省份委用需人，如有才兼文武胆识出众之士，自应随时采访，或令随营，或办团练，以收实效。该御史所称湖南之左宗棠，不求荣利，迹甚微而功甚伟。若使独当一面，必不下胡林翼诸人。着骆秉章悉心访察，如其人果有经济之才，即着出具切实考语，送部引见。此外茅伏处不乏英奇，并着各省督抚广为谘访，其素怀忠义、韬略过人者据实保奏，一并给贤，送部引见，候朕录用。总期保举得实，毋尚虚声。

第二道圣旨是关于官文和胡林翼的:

> 湖广总督着官文兼署;赏胡林翼二品顶戴,实授湖北布政使兼署湖北巡抚。

宗稷辰这个保举折,可谓一枪两眼:既保举了左宗棠,又保举了胡林翼。

左宗棠见到这个折子很是意外,他认为该保举他的应该是骆秉章,哪知道却让姓宗的拔了头筹。骆秉章接完圣旨很尴尬,他搞不清楚,宗稷辰远在京师,湖南的事他怎么那么清楚。

左宗棠开始处理未完的案牍和未了的公事。他知道他就要离开长沙,进京去面圣了。说不定,他的命运会从此改变。

但老谋深算的骆秉章,却不想就此让左宗棠离开。因为这个人对湖南、对他来说,都太重要了。他之所以能在这里稳稳当当地坐着,就是因为什么事都有左宗棠替他谋划。骆秉章想了三天,背着左宗棠给朝廷拜了一折,称左宗棠"有志观光,俟湖南军务告竣,遇会试之年,再行给资送部引见"。

骆秉章这件事做得不太地道,左宗棠已经四十四岁,眼看着就半百了,好不容易有了个平台,你又不让他上,这不是坑人吗?

左宗棠知道骆秉章的做法后,好多天不说话。说实话,左宗棠挺伤心的。其实,就在圣旨从京城往长沙飞奔的时候,曾国藩保举左宗棠的折子,也在往京城按驿传递。

骆秉章的折子和曾国藩的折子,几乎同一天抵达京城。

曾国藩的折子这样写道:

湖北全境克复实赖湖南抚臣骆秉章一力维持，接济船炮，拨给饷项，添募水陆各勇。该抚署内幕友候选[①]同知左宗棠，于外江水师尤为殷勤保护，一船一炮，一哨一勇，皆苦心照料，劳怨兼任。其一面在长沙操练，一面劝捐饷需，毫无抑勒，绅民为之感动。其致书臣云"如饷项紧急，则倾家荡产，亦所不恤"等语，实属力拯大局，公尔忘私。湖南抚臣骆秉章，受恩深重，自应竭诚报国，左宗棠等员则吁恳恩施。

骆秉章说左宗棠"有志观光，俟湖南军务告竣，遇会试之年，再行给资送部引见。"这也就是说，左宗棠不想当官，还想接着考进士。因为湖南军务尚未告竣，所以现在不能进京。曾国藩则开宗明义，直接向咸丰提出，请赏左宗棠个官做。

功奖罪罚，自古皆然，反正官位很多，不值钱。咸丰决定答应曾国藩的要求。

咸丰六年（1856年）四月初，咸丰的圣旨下到了湖南巡抚衙门。

圣旨是这样说的：

据曾国藩奏，"湖北全境克复实赖湖南抚臣骆秉章一力维持，接济船炮，拨给饷项，添募水陆各勇。该抚署内幕友候选同知左宗棠，于外江水师尤为殷勤保护，一船一炮，一哨一

---

① 候选：清制。京官自郎中以下，外官自道员以下，凡初由考试或捐纳出身，以及原官因故开缺依例起复，均须赴吏部报到，听候依法选用，称为"候选"。

勇，皆苦心照料，劳怨兼任。其一面在长沙操练，一面劝捐饷需，毫无抑勒，绅民为之感动。其致书臣云'如饷项紧急，则倾家荡产，亦所不恤！'等语，实属力拯大局，公尔忘私。湖南抚臣骆秉章，受恩深重，自应竭诚报国，左宗棠等员则吁恳恩施"等语，着赏左宗棠五品顶戴，以兵部郎中补用。钦此。

咸丰赏了左宗棠一个候补京官。

虽然依然是五品，但毕竟是京堂缺分。左宗棠当日给胡林翼写信一封，通报这件事。

左宗棠在信中写道：

曾涤翁上奏，保举数君，巍然以本司宦名冠首。倬先人得邀诰命之荣，是平生所欣美祈祷而不能得者，若锡类有恩，则三十年孤儿可以瞑目矣；不朽之感，何烦言喻！然鄙人自念平生绝少宦情，于浮名尤所不屑，所谓布衣躬耕，不求闻达前身，亦尝自颂之矣。自咸丰三年至上年屡辞保举，非但廉耻不容尽丧，亦实见得时局日艰，担荷不易。剿贼非有大权不能，使我得以数千人当一路，不缺其饷，何尝不可有成？无如出身太迟，资望不足充当世用，我之例不过交某人差遣而止，即真诸葛亦无可展布，何况假耶？与其抑郁而无所施，何若善刀而藏为宜。

从信中可以看出，左宗棠并非不想出去做官，实在是不想受人差遣，处处仰人鼻息。

信发走不久，胡林翼复信。胡林翼在信中提出，若左宗棠"肯到湖北巡抚衙门充幕"，"当备四辆车一行"。

四匹马拉的轿车，相当于八人抬的绿呢大轿。清朝官制，外官非三品以上文职大员，不能乘坐八人抬绿呢大轿，否则按违制治罪。

左宗棠没有答应胡林翼。左宗棠的理由是："此断不可。数以微贱姓名上达天聪，实非所宜，且恐傍人之话短长者谓其急于求进，或非少宝山人倍索身价，尤非鄙心所安也，乞赦之。"

显而易见，左宗棠不肯离开骆秉章，恐招人讥讽。

既然如此，胡林翼只好也上了一个保举折，保举左宗棠"才学过人，于兵政机宜、山川险要，尤所究心""其力能兼江西、湖北之军，而代臣等为谋"。最后，胡林翼评价左宗棠："秉性忠良，才堪济变，敦尚气节。而近于矫激，面折人过，不少宽假，人多以此尤之，故亦不愿居官任职。若能使其独领一军，必有大效。"

胡林翼的保举折进京没过几日，圣旨再次来到湖南巡抚衙门。圣旨是这样说的：

湖南举人左宗棠，前经曾国藩奏后，已经赏五品顶戴分发兵部郎中上行走。复经胡林翼奏称"左宗棠才学过人，于兵政机宜、山川险要，尤所究心""其力能兼江西、湖北之军，而代臣等为谋""左宗棠秉性忠良，才堪济变，敦尚气节。而近于矫激，面折人过，不少宽假，人多以此尤之，故亦不愿居官任职。若能使其独领一军，必有大效"等语。又经骆秉章奏该员"有志观光，俟湖南军务告竣，遇会试之年，再行给资送部引见"。现在军务需才，该员素有谋略，能否帮同曾国藩办理军务，抑或无意仕进，与人寡合，难以位置？着骆秉章据实陈奏，不得有丝毫隐瞒。钦此。

左宗棠接旨之后也是叫苦不迭。左宗棠知道，胡林翼如此举荐，不仅暴露了左宗棠的去意，而且把左宗棠推向了一个非常尴尬的境地。如果左宗棠就此离开幕府，骆秉章会说他左宗棠不够义气，天下人从此也会瞧不起他。这样一来，就算骆秉章同意左宗棠到曾国藩麾下去独领一支湘军，左宗棠也不会去的。何况，骆秉章也根本不会让左宗棠走。反之，如果举荐的人不是胡林翼，而是湘军统帅曾国藩，情况就不大一样了。一则，曾国藩此时在咸丰帝眼中的分量比骆秉章重；二则，曾国藩以军务奏请也名正言顺，骆秉章就算有一千个理由也大不过"军务"二字。胡林翼是好心办了件坏事。

不过，经过这么一折腾，左宗棠的名声总算大了起来。各省督抚乃至各路统兵大员几乎都知道，湖南幕府有个左宗棠，是个才学过人，却又无意仕进的能员。

左宗棠的心情郁闷到了极点。

第三节　督抚不睦，无奈卷入参樊燮案

一晃儿，咸丰八年（1858年）到了，左宗棠已四十七岁，须发间已夹杂起白霜。

这年九月，迫于无奈的骆秉章奏保左宗棠"连年筹办炮船，选将练勇，均能悉心谋画"，诏赏左宗棠四品卿衔。

从咸丰四年（1854年）算起，左宗棠整整在幕府做了五年师爷，才算熬了个四品的空顶戴。左宗棠颇有些心灰意冷了，心生退意。他不想在骆秉章的身边再干下去了。他已经看明白了，骆秉章不肯轻易保举自己，主要还是怕自己被朝廷调走。

主意打定，左宗棠开始寻找撤身的机会。

但突然爆发的一件参案，却打乱了他的全部计划。这就是闻名全国的参樊燮案。

因为塔齐布战殁，经官文保举，湖南提督印绶暂着樊燮署理。樊燮尽管署理了湖南提督，但他还在永州镇驻扎，是以永州镇总兵的身份署理提督。

按后来樊燮所写的《已革永州镇总兵樊燮为参案情节重大，首府饬令改换亲供，实保员弁串通文员狭嫌陷害事抄呈供》中的交代，骆秉章突然弹劾自己，是已革永州镇中营守备贺炳翊恶人先告状。因为在这之前，贺炳翊为了升官，在没立任何战功的情况下，买通兵丁唐吉禄、永州知府黄文琛，捏报战功，邀功请赏。这件事被樊燮知道后，贺炳翊怕事情败露，就抢先一步向骆秉章告状。骆秉章收到实名举报后，本不想为难樊燮，但左宗棠却想就此扳倒樊燮，报复樊燮对自己不敬的私仇。骆秉章拗不过左宗棠，马上便打发人去永州私访，然后又把永州镇标中营游击玉宝，传过来问话。玉宝本拟实话实说，哪知左宗棠并不答应，当天就将他押进大牢，还刑讯逼供。玉宝受刑不过，只好按左宗棠拟好的供词，招供画押。参折就这样产生了。

折子的题目是《参劾永州镇樊燮违例乘舆私役弁兵折》。该折一共参了樊燮四款：违例乘坐肩舆；私役弁兵；冒领军粮；兵费私用。

依大清官制，文官坐轿，武员骑马。若遇情况紧急时，文官可以骑马，但武员却决不准乘轿，违者重处。

樊燮乘舆进京，又带兵丁三十余人，此是违制之一。樊燮是永州镇总兵署湖南提督，一直在永州屯扎，而他却把家眷送到省城居住，依大清定制，武员私宅可以用家丁仆役，但绝不准以兵充役。因为兵丁拿的是国家俸禄，只准为国家干事，不准为私眷效劳。这是樊燮违制之二。

但骆秉章参折的第三款冒领军粮和第四款兵费私用，却有些勉强。就当时来说，冒领军粮、冒领军饷、兵费私用，是大清国旗营、绿营的通病。樊燮不是第一个，也不是最后一个。把这两款加上，显然是为了增加罪名。

说起来，樊燮也不是寻常之辈，他是湖北恩施人，与官文交好。樊燮能够以永州镇总兵的身份，兼署湖南提督，也是官文保举的。

骆秉章在折子的最后这样写道：

> 臣现委员赵永详查一切，俟得实据，再行奏参。顷准督臣
> 咨开，业将该员奏授湖南提督，臣已据实函复矣。该总兵劣迹
> 败露，均在去任之后。臣近在一省，尚始知觉，督臣远隔千数
> 百里，匆匆接晤，自难遽悉底蕴。陈奏两歧，实非别故。理合
> 一并声明，伏乞皇上圣鉴，训示施行。谨奏。

参折拜发不足一月，圣谕就下到湖南巡抚衙门。圣旨这样
写道：

> 骆秉章奏武职大员乘坐肩舆，私役弁兵，请先行交部严议
> 一折。湖南永州镇总兵樊燮，违例乘坐肩舆，本年陛见出省，
> 私带弁兵至三十余名之多，护送同行。其眷属寄寓省城，复派
> 外委李士珍等借差进省照料家务，该抚严查，始行回营。永州
> 镇毗连两广，现当贼氛未靖，边防紧要之时，该总兵以专阃大
> 员，玩视军务，希便私图，实属胆玩。樊燮着交部严加议处，
> 即行开缺。其署内差役冒领兵粮、摊派养廉、盖造房屋，并演
> 戏赏耗开销公项各劣迹，仍着骆秉章查明奏参，以肃官方。该
> 员所署湖南提督印务，并着官文另行派员署理。

樊燮被革职交部严议，只好把印务、防务跟骆秉章派去的人进
行交割，其实暗中已经打发人携带重金，飞奔武昌，向官文求救。
樊燮推测，官文是朝廷重臣，又是皇帝安插在湖广的眼线，只要官

文说话，朝廷肯定能给面子。

官文收到樊燮的求救信和重金后，当天就上奏朝廷，以"贼扑江西，湘军力不能支"为由，请求开复樊燮所有处分，率部支援江西。官文不愧是官场中的高手，他为樊燮找了个冠冕堂皇的理由。

左宗棠这个时候，已经按照骆秉章的吩咐，派人很快到永州，把樊燮的各条罪名都逐项落实，哪知还没等上折子，圣旨倒先下来了。圣旨说：

> 官文奏"贼扑江西，湘军力不能支，请派统兵大员率兵助剿"。又奏"已革湖南永州镇总兵署理湖南提督印务樊燮，久历兵戎，作战勇猛，当此用人之时，可否仰恳天恩，加恩开复处分率兵援江西"等语。着樊燮开复先前处分，率本部驰赴武昌，由官文派用。湖南永州镇总兵员缺，着周宽世补授。所有湖南提督印务，着周宽世暂行署理。钦此。

一切都按官文的设想进行着。

樊燮兴高采烈地带着一应随员离开了永州，赶往武昌去向官文报到。

骆秉章和左宗棠险些气得吐血。

按照骆秉章的吩咐，左宗棠连夜起草了一个《已革樊总兵劣迹有据请提省究办折》，第二天早早就发往京城。

折子先讲了一下逐项查实樊燮劣迹的详细经过，最后写道：

> 臣接阅之下，不胜骇异。查该镇劣迹种种，不但臣前奏违

例乘轿，私役弁兵，及摊派养廉、盖造屋室、家宴戏赏开销公项等款均属确凿有据，且有臣原参所未及者。如兵饷米折皆属营中正款钱粮，该镇以专阃大员，辄称预提廉俸，并购买绸缎，擅行动用，数至盈千，悬项无着；并署中一切使用，复提用营中银至数千之多。实属恣意侵亏，大干功令。且恐此外尚有别项劣迹，即提用之款，亦恐不止此数，亟应彻底追究，按例惩办，以警官邪。查该镇已奉旨回楚，此时计早已抵湖北境内。除咨移督臣官文暨署湖北抚臣胡林翼饬查该镇现行行抵何处，即着委员押解回南，听候查办外，相应据实奏参，请旨将永州镇总兵樊燮拿问，以便提同人证，严审究办，所有遵旨查明各款均有确据缘由，理合恭折具奏。

骆秉章的《已革樊总兵劣迹有据请提省究办折》刚刚拜发，便收到官文的一封来信。官文在信中向骆秉章透漏，他刚收到一份告左宗棠的材料，说湖南巡抚衙门多年被劣幕左宗棠把持，已经很不像样子。官文接着说，左宗棠把持幕府这件事应该是无中生有，是诬告。因为骆秉章身为朝廷信任的大员，不可能糊涂成那个样子。但左宗棠是劣幕，应该是真的。不仅樊燮可以证实，连樊燮的属下，也可以证实。官文决定根据收到的材料和樊燮的讲述，参劾左宗棠。

骆秉章把官文的信拿给左宗棠看。左宗棠一看之下，当时便气得要命。骆秉章告诉左宗棠，官文是朝廷最信任的大员，他的话，朝廷肯定得听。实在不行，就打发个人，给官文送份厚礼，估计就没事了。骆秉章又以长辈的口吻告诉左宗棠：百姓有百姓的活法，

官场有官场的潜规则。不管是谁，只要进了官场，就得遵守官场的潜规则。否则，就容易出大事。

左宗棠则反问骆秉章："照这么说，樊燮还参不参？"

骆秉章摇摇头，意思是，不参了。

于是左宗棠很明确地告诉骆秉章："我是不是劣幕您最清楚。让我给官文送礼，没门儿！我不做亏心事不怕鬼敲门！什么官场潜规则，见鬼去吧！"

左宗棠的牛脾气上来了。

骆秉章一听左宗棠的话也很生气："我这都是为你好，你不领情就算了，还派了我一身不是！还让我去见鬼。你的事，我不管了！"

第四节　官文构陷，险些被杀化险为夷

官文还真是想敲诈左宗棠一把，哪知左等不见骆秉章回信，右等不见左宗棠打发人给自己送礼，心里这个气可就大了。

他马上把师爷叫过来，给左宗棠列了几件罪名，又让他去找樊燮再详细了解一下，再凑几件，写一个参左宗棠的折子。

师爷领命而去，没用上三天就写好了一篇折子。官文从头读到尾，提笔改动了几个地方，便署上自己的名字拜发。

官文的参折是这样写的：

湘阴举人左宗棠，赖湖南巡抚骆秉章信任，私自拜发奏折，擅自给州县、军营行文，并依势欺压同僚，又利用筹饷之机，在湘潭、湘阴及省城大兴土木造屋，致使湖南军务废弛，物议沸腾，请旨将左宗棠拿问究办，以正官邪。

咸丰未及把折子读完，就勃然大怒，当天就给湖广总督衙门和湖南巡抚衙门颁下一旨：

据官文奏"湘阴举人左宗棠，赖湖南巡抚骆秉章信任，私自拜发奏折，擅自给州县、军营行文，并依势欺压同僚，又利用筹饷之机，在湘潭、湘阴及省城大兴土木造屋，致使湖南军务废弛，物议沸腾"等语。左宗棠累受皇恩，不思报国，着实可恨可恼，着即革职，由骆秉章逐出幕府，派员解交湖广总督衙门，着官文查明真相，若该员果有不法情事，可就地正法！

接到圣旨，骆秉章蒙了，心想：你要是听我的话，给官文送上一份厚礼，皇上怎么会下这么一道圣旨呢？

左宗棠虽然嘴上照样硬挺，其实心里也很后悔。不管怎么说，自己还不到五十岁，就这么被人干掉了，这吃大亏了。后来还是骆秉章给曾国藩写了一封密信，把参樊燮的前因后果讲了一遍，请曾国藩想办法搭救左宗棠。

曾国藩接到骆秉章的密函后，先给在南书房供职的翰林院编修郭嵩焘发函一封，嘱其寻机在皇上面前把官文参左宗棠的真相讲出来，然后又给湖北的胡林翼发信一封，嘱其速与在肃顺府邸做西席的王闿运联络，让王闿运把官文参左宗棠的真相对肃顺讲清，要让肃顺了解事情的经过。

王闿运是湖南湘潭人，时年仅二十六岁，却已是当时颇负盛名的理学家。

肃顺大家都知道，是满洲镶蓝旗人，爱新觉罗氏，郑亲王端华之弟。咸丰初，以敢于任事渐受重用，与怡亲王载垣、郑亲王端华同为咸丰帝所信赖。肃顺时任户部尚书在内廷行走①，正是当红之时。

王闿运接到胡林翼的信后，不敢耽搁，当天就找机会，把官文参劾左宗棠的内情跟肃顺讲了一遍。

肃顺却告诉王闿运，皇上让官文来查办这件事，别人不好说什么。不过，此时若有哪个人保左宗棠一本，事情恐怕就好办些。

王闿运连夜赶到郭嵩焘府邸，把肃顺说的话据实相告，让郭嵩焘作速函告曾国藩，请曾国藩尽快想办法。曾国藩做过十几年的京官，官至二品侍郎，在京官面前有面子，说话也响。

郭嵩焘不敢耽搁，连夜给曾国藩写信。

这个时候，有关樊燮的第三个圣旨到了长沙：

骆秉章奏查明总兵各劣迹实据，并有侵亏营饷重情，请拿问提讯一折。湖南永州镇总兵樊燮，有署内差役冒领兵粮、摊派养廉、盖造房屋，并演戏赏耗开销公项各劣迹，前经谕令骆秉章查明参奏。兹据奏称该员种种劣迹均有确据，且擅提廉

---

① 行走：清代官制。入值办事的意思。不改原来官职而调充其他职务，即称"在某处或某官上行走"。

俸，数至盈千，悬款无着。署中一切使用，复提用营中银钱至数千之多。实属恣意侵亏，大干功令，亟应彻底追究，以儆官邪。樊燮着即行拿问，交骆秉章提同人证，严审究办。并着湖北督抚饬查该员现在行抵何处，即委员押解湖南，听候查办。

官文无奈，只好命人又把樊燮送回长沙，交骆秉章究办。

樊燮回到长沙不久，就派人给官文送来了《已革永州镇总兵樊燮为参案情节重大，首府饬令改换亲供，实保员弁串通文员狭嫌陷害事抄呈供》，对骆秉章给自己定的罪名，极力辩解。

官文收到樊燮的呈供后，第二天就拜发京城。

曾国藩读过郭嵩焘的信后，经过深思熟虑，马上写了这样一篇折子：

　　湘勇立功本省，援应江西、湖北、安徽、浙江所向克捷，虽由曾国藩指挥得宜，亦由骆秉章供应调度有方，而实由左宗棠运筹决策，此天下所共见，久在我圣明洞察之中也。前逆酋石达开回窜湖南，号称数十万，以本省之饷，用本省之兵，不数月肃清四境，其时贼纵横数千里，皆在左宗棠规画之中。设使易地而观，有溃裂不可收拾者。是国家不可一日无湖南，湖南不可一日无左宗棠也。宗棠为人，负性刚直，嫉恶如仇。湖南不肖之员，不遂其私，思有以中伤之久矣。湖广总督惑于浮言，未免有引绳批根之处。宗棠一在籍举人，去留无足轻重，而楚南事势关系尤大，不得不为国家惜此才。

折子下面没有落款。

曾国藩的这篇折子，由快马送进京城郭嵩焘处。郭嵩焘揣上折子就进了同在南书房任值的、翰林院侍读学士潘祖荫的府邸。

潘祖荫读完折子，稍一思忖，便提笔在下面写上自己的名字。

有人难免要问：曾国藩写的奏折，如何自己不具名，倒要让他来具名呢？

潘祖荫是江苏吴县人，字伯寅，咸丰进士，钦点翰林院庶吉士，期满授检讨，累官侍读学士。潘祖荫的祖父是大名鼎鼎的三朝老臣，已作古的状元大学士潘世恩。潘世恩本人亦素有才名，生前很讨嘉庆、道光、咸丰三位皇帝的喜爱。曾国藩与潘世恩交厚，与潘祖荫也有交往。

人 物 链 接

◎ **潘祖荫**（1830—1890）

江苏吴县人，字伯寅，咸丰进士。累迁侍读学士、大理寺少卿。1860年（咸丰十年），左宗棠佐幕湖南巡抚骆秉章，遭湖广总督官文参劾，上怒，罪不测。他上折营救，并密荐其能，其中尤以"大清不可一日无湖南，湖南不可一日无左宗棠"之句被人传颂。左于是狱解并获起用，后得曾国藩荐拔独领一军，曰楚军。他曾先后纠弹钦差大臣胜保、直隶总督文煜等，素以谏言著称。1865年（同治四年），恭亲王奕诉获谴，他上折请持平用中，以免除不良影响，太后于是罢议。1875年（光绪元年）晋大理寺卿，旋升授礼部右侍郎，数迁工部尚书。官至军机大臣。

关于官文参劾左宗棠这件事，如无询旨，曾国藩不能上奏为左宗棠讲话。一则曾国藩远离湖南正在江西作战，一则也是二人同为湖南人，按照大清规避的制度，曾国藩只能缄口。胡林翼也不能为左宗棠讲话，一则胡林翼正在任所丁忧守制，一则胡、左二人沾着亲戚，胡林翼讲话便是违规。

曾国藩经过深思熟虑，决定让文名鼎盛的潘祖荫作自己的代言人。曾国藩这么做，是不想让大清国浪费了左宗棠这个人才。

咸丰帝读完潘祖荫举荐左宗棠的折子后，当晚就把郭嵩焘传进宫。

咸丰帝问的第一句话："左宗棠所以不肯出，系何缘故？"

咸丰帝问的第二句话："左宗棠才干是怎样？你能不能劝他出来？"

郭嵩焘是这样回答的："左宗棠自度秉性刚直，不能与世合。在湖南办事，与抚臣骆秉章性情契合，彼此亦不肯相离。"又说："左宗棠才极大，料事明白，无不了之事，人品尤极端正。"

顿了顿，郭嵩焘接着说："左宗棠为人中豪杰，每言及天下事，感激奋发。皇上天恩，如能用他，他亦万无不出之理。"

按《左宗棠年谱》记载，两个人对话的确切时间，是咸丰八年的十二月初三，按公历推算当是 1859 年 1 月 6 日。

樊燮此时已经离开湖南，由骆秉章派员押进京城。

经过骆秉章、曾国藩、胡林翼、王闿运、肃顺、郭嵩焘等人全力斡旋，左宗棠总算化险为夷。他的命虽然保住了，但头上的四品顶戴，却没了。左宗棠等于从起点，绕了一大圈儿，又回到了起点。

咸丰十年（1860 年）正月，左宗棠感于前路渺茫，大志难展，遂决定离开骆秉章，准备进京参加会试。

骆秉章苦苦劝留，左宗棠去意已决。骆秉章毫无办法，只得送以重金，又依大清科考制度，为左宗棠支付旅途费用。

于是左宗棠将家事略做安排，便由长沙启程北上，取道湘阴岳州、荆州，赶往京城。

左宗棠从咸丰二年（1852 年）八月"缒城而入"，进入湖南巡抚衙门做幕宾，到咸丰十年正月，整整给人做了将近八年的幕僚。在这八年的时间里，人生必须经历的酸、甜、苦、辣、咸，他几乎全尝过；历朝历代官场都必须经历的失意到辉煌，低谷到高峰，还有风光、险恶，他也都一一体验了一遍。

四十九岁的左宗棠彻底绝望了。可他就是不服气！这也是他执意要离开骆秉章，决定进京会试的主要原因。

第四章

在曾国藩幕府

曾国藩经过深思熟虑，认为让左宗棠独当一面的时机到了。他毫不犹豫地向朝廷拜发了一篇奏请左宗棠援浙并节制浙省诸军的折子，题目是《左宗棠定议援浙节制诸军折》。

第一节　转投国藩，大才得展募练楚军

咸丰十年（1860 年）正月二十八，已经四十九岁的左宗棠，仿佛跟人赌气一般，毅然决然地离开湖南巡抚衙门，决定进京会试。骆秉章苦劝不听，只好和他酒泪相别。说实话，跟左宗棠相处这几年，是骆秉章入仕以来最得意的几年，也是他政绩最突出的几年。尽管这几年是湖南最艰难困苦的几年，但因为有左宗棠在，太平军并没有把湖南怎么样。

左宗棠行到半路，突然收到胡林翼派快马送给他的密信，告以北面太平军"网罗密布，断难通过"，请左宗棠从速返回，否则有性命之虞。

左宗棠思虑再三，只能望洋兴叹，不得不取消原定之会试计划，折转东下。

左宗棠东下途中，忽然又接到曾国藩派人送给他的信。曾国藩在信里告诉左宗棠，朝廷已下旨询问左宗棠办事究竟如何，他已奉旨上奏。信后附曾国藩奏折的抄件。

曾国藩奏折的题目是《复陈未能舍安庆东下并请简用左宗棠折》。

奏折先讲了一下未能舍安庆东下的详细原因，是"兵力太单薄"，且无"独当一面之才"，还引用咸丰帝的话说："左宗棠熟悉湖南形势，战胜攻取，调度有方，目下贼氛甚炽，两湖亦所必欲甘心，应否令左宗棠仍在湖南本地襄办团练等事，抑或调赴该侍郎军营，使其尽其所长，以收得人之效。并着曾国藩酌量办理。"接着，曾国藩进入主题："查左宗棠刚明耐苦，晓畅兵机。当此需才孔亟之际，或饬令办理湖南团防，或饬赴各路军营襄办军务，或破格简用藩、臬等官，予以地方，俾任筹兵筹饷之责，均候圣裁。无论何项差使，惟求明降谕旨，俾得安心任事，必能感恩图报，有俾时局！"

从折子中可以看出，曾国藩保举左宗棠的三点，都表明他是独当一面的大员。为了能让朝廷大胆起用左宗棠，湘军统帅曾国藩，可谓煞费苦心。

折子未及读到最后，左宗棠早已是泪流满面，仰天长叹道："生我者父母，知我者涤生，吾平生知足矣！"左宗棠后悔，自己在湖南巡抚衙门顺风顺水时，怎么就那么瞧不起曾国藩呢？

隔日，左宗棠又收到胡林翼一封信，却是胡林翼的奏折抄件。

胡林翼的奏折是《敬举贤才力图补救疏》。奏疏这样写道：

臣查湖南在籍四品卿衔兵部郎中左宗棠精熟方舆，晓畅兵略，在湖南赞助军事，遂以克复江西、贵州、广西各府、州、县之地，名满天下，谤亦随之。其刚直激烈，诚不免汲黯、宽饶少和之讥，要其筹兵筹饷，专精殚思，过或可宥，心固无他。臣与左宗棠同学，又兼姻亲，咸丰六年曾经附片保奏。其在湖南情形，久在圣明洞鉴之中，应请天恩酌量器使，并请旨饬下湖南抚臣，令其速在湖南募勇六千人，以救江西、浙江、皖南之疆土，必能补救于万一。

左宗棠眼望着胡林翼的奏疏，脑海中却突然闪现出"官文"两个字来。

左宗棠不由一阵脊背发凉，随口自语道："方今大乱，奸佞当道，圣上必不准润芝所请也！"

但他还是决定到军营看一下长女孝瑜并女婿陶桄，同时与胡林翼商讨一下自己的下一步。

三月，左宗棠乘船过汉口，后抵兰溪。左宗棠弃舟乘轿，又行一百八十余里土路，方到达英山。英山是胡林翼大营的所在地。

到营的当晚，左、胡二人谈至夜半。

左宗棠心情郁闷地对胡林翼说道："人生苦短，弹指间，山人已经四十有九了，眼看着就知天命了。尽管涤生和你累疏保举，筠仙（即郭嵩焘）和潘伯寅（即潘祖荫）亦在京里遥相呼应，但因有官文这一类满贵大员把持权柄，朝廷是不会破格加恩于我的。涤生和骆抚保了我个四品京卿，如今也让官文给闹飞了，我心焉能不死！"

左宗棠说这话时，两眼怒睁，满脸不忿。

胡林翼除了好言劝慰，也别无他法。大清，毕竟是满人的大清啊！

左宗棠在英山逗留月余，于五月辞别胡林翼并长女孝瑜、女婿陶桄，赶赴宿松见曾国藩。他准备看一眼曾国藩后，便回湘阴去过自己的田园生活。

曾国藩此时正在跪接两道圣谕。

第一道圣谕："兵部侍郎曾国藩自办理团练以来，刻苦耐劳，尤其督师出省作战，更是调度有方。着赏曾国藩一品顶戴兵部尚书衔署理两江总督。钦此。"

第二道圣谕："本日据胡林翼陈奏各情。业经降旨令东纯前往署理四川总督，并令暂时接办军务。曹澍钟已令回籍终制矣。该抚所保之左宗棠一员，前已有旨，赏给四品京堂，令其襄办曾国藩军务。若令督办川省军务，能否独当一面？于大局有无裨益？即着妥速筹商。如可胜任，即一面令该员迅赴川省，一面奏闻，再降谕旨。"

咸丰帝在江南、江北两座大营溃散，信得过的将领死的死、逃的逃，四顾无人的情况下，不得不把两江总督的关防交给曾国藩。

而对于左宗棠，咸丰最初的打算是：想令其督办川省军务。

对于左宗棠的能力，曾国藩不怀疑。但因为前已有旨，命骆秉章出任川督，现由东纯暂时署理川督，曾国藩又认为左宗棠去四川不合适。为什么呢？因为左宗棠是个独当一面的大才，有老上级骆秉章挡在前面，怎么发挥他的才干呢？把左宗棠和骆秉章捏在一起，不仅对四川军务无益，还会把四川的事情越搞越糟。

左宗棠说到就到了。见左宗棠愁云满面，曾国藩把刚到的圣旨拿给他看。看着看着，左宗棠愣住了。咸丰准备让他督办川省军务，显然出乎他的意料。

曾国藩却告诉他，四川有骆秉章在，他不能去。就算他脑袋一热去了，说不定用不上半年他就得回家养老。有骆秉章在，他起不来。

左宗棠一想，老实了。是啊，他自从到骆秉章的身边，立了多少大功，到头来怎么样？就是不放他出去！

左宗棠不得不向曾国藩讨主意，问道："我可怎么办？"

曾国藩反问他一句："你想怎么办？"

左宗棠是个直肠子，想啥就说啥："我这次来见你，别无所求，只求你能赏我一个营官，让我带着这一营人马，和敌人杀个痛快！"

其实，左宗棠就是想展示一下平生所学，堵一堵官文的嘴。

曾国藩没理左宗棠，当晚却给朝廷上了一篇《请留左宗棠襄办江皖军务折》。折子是这样写的：

候补四品京堂左宗棠，前在湖南襄赞军事，肃清本境，克复邻省。上年石逆大股窜湘，帮同抚臣骆秉章指挥调度，不数月间遂收廓清之效。其才可以独当一面，固已历有明证。虽其求才太急，或有听言稍偏之时；措辞过峻，不无令人难堪之处。而思力精专，识量宏远，于军事实属确有心得。前奉谕旨，命左宗棠襄办军务，该员感激图报，闻诏之日，即在湘募练五千余人，选择甚严，巨细必躬。专俟秋间成军，率以东下。今若改东师以西行，则臣国藩顿少一支劲旅，恐不足当皖南之逆氛。而左宗棠独往川省，亦恐人地生疏，或致呼应不灵。且以吴、蜀之事论之，蜀省土匪倡乱，占地少而扑灭容易；江、皖狂寇狓猖，占地多而扫荡甚难。蜀为鄂秦两省根本，吴为京师及东南数省之根本。蜀有可筹之饷项，吴无可靠之协款。事势既分难易，情形亦有重轻，不待智者而可决。左宗棠素知大局，勇敢任事，必不肯舍难而就易，避重而就

人物链接

◎ 刘典（约1815—1878）

湖南宁乡人，字克庵。以诸生随左宗棠入浙，累官直隶州知州、知府、擢浙江按察使。后随左宗棠入陕，初授甘肃按察使，旋赐三品京卿帮办军务，署陕西巡抚，后病死兰州。

◎ 杨昌濬（？—1897）

湖南湘乡人，字石泉。1852年（咸丰二年）以诸生随罗泽南练乡勇，旋随湘军镇压太平军，转战两湖、江西、安徽。1860年攻陷江西德兴、婺源，擢知县。1862年（同治元年）初，随左宗棠入浙镇压太平军。1864年占杭州，累迁至浙江布政使。1870年署浙江巡抚，后实授。1871年赴宁波筹办海防。1879年（光绪五年）署甘肃布政使。1883年授漕运总督。中法战争起，受命帮办福建军务，授闽浙总督。1885年兼署福建巡抚，于台湾防务多所建议。1888年调补陕甘总督，加太子太保。1895年被革职留任，旋开缺回籍。

轻。合无吁恳圣恩，伏念臣国藩襄助需人，仍令左宗棠督勇来皖，实于江、楚等省，大有裨益。

得知曾国藩奏请他回籍募勇，左宗棠老泪纵横。

曾国藩却很平静，对左宗棠说："你是我大清国难得的大才，我曾国藩身为大清臣子，不能不为国家珍惜你。你明天就回籍募勇去吧。"

左宗棠回籍，不多时，五千团勇便召募齐备。

计有：王鑫旧部一千四百人，又新添一百人，共一千五百人成三营，由王鑫族弟王开琳统领；另有四营，四总哨（每哨三百二十人）和亲兵八队（共二百人），总计五千零二十人，简有名望者分统之。全军竖大旗一面，上绣一个斗大的"楚"字，对外自称"楚军"。

左宗棠命王鑫之堂弟王开化总

领全军营务处，刘典、杨昌濬副之，枪械从湖南省内各绿营中抽调，军饷由湖南巡抚饷局给领。

是年八月十日，左宗棠募勇成军不过十几日，清廷下达圣旨："实授曾国藩为两江总督，并命为钦差大臣，督办江南军务，所有江南江北水陆各军皆归节制。"

随着曾国藩被实授为两江总督、钦差大臣，左宗棠算是正式进入了大清的官场。

左宗棠奉曾国藩之命，率领五千楚军进入南昌。

第二节 连战连胜，巡抚浙江督办军务

1860 年，太平军在二破清军江南大营之后，制定了西征与保卫安庆的战略决策。为了阻止太平军由浙、赣进援安庆，以确保长江北岸的湘军全力进攻安庆，曾国藩移营祁门。这一年的八九月间，太平军大举用兵，直逼曾国藩大营，对祁门形成东、西、北三面围困之势，一时间，祁门大营只有南面的景德镇为空缺，曾国藩急忙调遣左宗棠从南昌东进驰援。

他把大营驻扎在景德镇，然后便来向曾国藩领取任务。

为了保证江西前门和祁门后户的平安，左宗棠先从太平军手里夺取德兴，又把婺源夺到手，接着便以迅雷不及掩耳之势，进逼浮梁，并连夜发起攻击，打了太平军一个措手不及。浮梁应声而下。左宗棠到江西之后走的三步棋，几乎步步惊心，刀刀见血，让江西

战局登时扭转，使四面受敌的曾国藩，顿时转危为安。

曾国藩接到捷报的第一时间，便把左宗棠到江西之后连走的三步棋报告给朝廷。折子的题目是《左宗棠军克德兴婺源折》。在折中，曾国藩欣喜地向朝廷报告说：

> 臣查左宗棠一军，自移师景德镇，驻扎未久，一闻贵溪警报，分路调拨，或迎头截击，或跟踪追剿，计十日之内，转战三百余里，连克二城。使狼奔家突之众，喘息不得少定，实属调度神速，将士用命。自此股剿败后，即有池州小股扑陷建德，直犯浮梁景德镇，亦惟左宗棠一军，独当其冲。左宗棠初立新军，骤当大敌。昼而跃马入阵，暮而治事达旦，实属勤劳异常。惟系襄办京堂大员，应如何优擢奖叙之处，出自圣裁。

意思就是：我作为臣子不好乱说，皇帝您看着办吧。

曾国藩在折子的后面，又按照左宗棠开列的名单，为王开化、杨昌濬、刘典等人请奖。

病中的咸丰皇帝把折子读完，龙颜大悦，急忙下旨奖赏：命左宗棠以三品京堂候补。

左宗棠接到圣旨，激动万分。

次年二月三十日（1861 年 4 月 9 日），太平军李世贤向景德镇发动猛攻，全歼守将陈大富一军，太平军胜利攻克景德镇。左宗棠担心被太平军断其后路，遁往乐平。经过休整，乘机出击，于乐平击败桃岭、马家桥的太平军。正在向祁门进军的李世贤闻知左宗棠卷土重来的消息后，调转军队向乐平发动进攻。

左宗棠率五千人马，在乐平大战太平军李世贤号称的数万大军。

按常理推算，数万对五千，左宗棠必败无疑。但实际情况是，左宗棠凭借着乐平背山面河的有利地形，督兵三路在此大败太平军，竟以五千之众，将号称数万的李世贤大军击退。

这一仗之后，曾国藩认为可以授予左宗棠更大的权柄了，于是奏请朝廷，请将左宗棠由襄办军务改为帮办军务。曾国藩是这样奏请的：

> 候补三品京堂左宗棠，往年在湖南抚臣幕中佐办军务，肃清本省，援剿邻省，如江西、湖北、贵州、两广，常有湖南重兵往援，屡建大功，久在圣明洞鉴之中。上年奉旨襄办臣处军务，募勇五千余人，驰赴江、皖之交。方虑其新军难收速效，乃去冬堵剿黄文金大股，今春击退李世贤大股。以数千新集之众，破十倍凶悍之贼。因地利以审敌情，蓄机势以作士气。实属深明将略，度越时贤。可否吁恳天恩，将左宗棠襄办军务改为帮办军务，俾事权渐属，储为大用之处，出自圣主鸿裁。

襄办和帮办的区别在于，襄办是帮助办理军务，而帮办则是帮助统师办理军务，相当于二把手。

咸丰很快诏准，命左宗棠帮办两江总督曾国藩军务。不久，又赏了左宗棠一个实职：太常寺卿。左宗棠这回成了真正的三品京官了。因为左宗棠在前线离不开，太常寺卿暂时由别人署理。时间是

人 物 链 接

◎ 曾国荃（1824—1890）

曾国藩九弟。字沅甫，号叔纯。贡生出身。1856年（咸丰六年）随曾国藩作战，自带一军称吉字营。积功累官知府、道员、按察使。1862年（同治元年）授浙江按察使，迁江苏布政使。1863年，擢浙江巡抚。1881年（光绪七年），升陕甘总督，次年署两广总督。1884年，署礼部尚书，调署两江总督兼南洋通商大臣。

◎ 慈禧太后（1835—1908）

又称"西太后""那拉太后"。满洲正黄旗人，叶赫那拉氏。安徽宁池广太道惠徵女。1852年（咸丰二年）选入宫中，封兰贵人。1855年得怀龙珠，次年即得一子名载淳，得封懿妃，次年进懿贵妃。1861年，咸丰病死于热河行宫，六岁的载淳即皇帝位，年号祺祥。她与皇后钮祜禄氏同时被尊为皇太后。在热河行宫居丧期间，因住烟波致爽殿西暖阁又被称作西太后。是年，她联合恭亲王奕䜣发动宫廷政变，将把持朝政的肃顺等赞襄八大臣逮问，改年号为同治，她自此与慈安太后一起垂帘听政并渐独掌实权。同治帝死，

咸丰十一年（1861年）五月。从咸丰十年（1860年）四月到现在，仅仅十三个月的时间，左宗棠便由最初的四品京堂候补，襄办军务，一跃而成为帮办曾国藩军务，正三品实职太常寺卿，升官之快，实属罕见。

咸丰十一年七月十七日（1861年8月22日），年仅三十一岁的咸丰皇帝染疾在热河行宫驾崩，遗命怡亲王载垣、郑亲王端华、端华之弟协办大学士户部尚书肃顺、御前大臣景寿及军机大臣穆荫、匡源、杜翰、焦佑瀛等八人总摄朝政；年仅六岁的咸丰帝之子载淳继承大统，定国号"祺祥"，定明年为祺祥元年。

消息传来，举国震惊，大清国各级衙门无不成礼持服。

太平天国抓住这一有利时机，开始在湖广及安徽、江西、浙江等地大举用兵，克城夺地，连连得手，把战火烧向高潮。

清廷紧急从黑龙江、吉林等地调集旗营奔赴各地应付局面。

两江总督曾国藩和他的湘军也陷入太平军的包围之中。

偏偏这时，曾国藩军事上最得力的搭档和支持者胡林翼又在武昌病卒。

曾国藩更是雪上加霜，几欲不能支撑。

曾国藩就当前的局势函商驻扎在婺源的左宗棠。

左宗棠回信认为，官军欲打开被困局面，非先扫除浙江境内的太平军不能收功效。左宗棠进一步指出，欲进军浙江，必先派重兵屯驻广信，广信乃江皖进浙江的必经之地，得广信便可得浙江；浙境一日不靖，则江西一日不安，而大局亦终不能扭转。

曾国藩深服左宗棠所论，于是飞札婺源，命左宗棠率所部楚军急速赶往广信屯扎。曾国藩同时饬令在徽州驻防之枭司张运兰、驻广信之道员屈蟠、驻玉山之道员王德榜

人物链接

她又策定醇亲王奕譞四岁子载湉入继大统，改年号为光绪，她继续听政。1889 年（光绪十五年），她撤帘归政，实际还掌着实权。1898 年，她再次发动宫廷政变，幽禁光绪帝于瀛台，由她执掌朝政。她统治中国长达半个世纪。

◎ **奕䜣**（1833—1898）

爱新觉罗氏，道光皇帝第六子，咸丰帝异母弟。1851 年（咸丰元年）封恭亲王，1853 年在军机大臣上行走，1855 年被罢职，1857 年复授都统，1859 年授内大臣。奏请改变清政府的外交、通商制度，设立总理衙门并受命主持工作。咸丰帝死，受命为议政王，掌管军机处和总理衙门，成为清廷中支持洋务的首脑。1865 年（同治四年），因受慈禧太后猜忌，被罢去议政王等一切职务，旋复军机大臣、总理衙门大臣等职。1884 年中法战争期间又被罢去一切职务。1894 年（光绪二十年）被重新起用为总理衙门大臣，并总理海军，会办军务，内廷行走。旋又命督办军务，节制各路统兵大臣，并任军机大臣。

及参将顾云彩、驻防广丰之道员段起各军，一俟左宗棠到后，悉归节制。

左宗棠率军离开婺源的第二日，安庆被曾国荃的吉字营收复，湘军的局面顿时好转。

九月三十日，载淳生母慈禧太后联合在京师主政的恭亲王奕䜣发动政变，将顾命大臣载垣、肃顺、端华先行革职逮问治罪，旋处死，又将其他五位顾命大臣一一投进大狱，或革职，或遣戍；年号旋由祺祥改为同治，实行两宫同治，定明年为同治元年，并为此专下两道诏书。

第一道诏书先罗列了肃顺等八大顾命大臣的一些不法情事，然后理直气壮写道："虽我朝向无皇太后垂帘之仪，朕受皇考大行皇帝付托之重，惟以国计民生为念，岂能拘守常例？此所谓事贵从权。"

第二道诏书更是简单扼要："加恭亲王奕䜣议政王封号赞襄政务。"

十月十八日，圣旨再次飞递进两江总督衙门。

旨曰："两江总督曾国藩赏加钦差大臣衔，着统辖江苏、安徽、江西三省并浙江全省军务，所有四省巡抚、提镇以下各官，悉归节制。"

曾国藩接旨在手，脑海反倒一片空白，一贯谨慎的他，不知朝廷此时授予他这么重的权柄，是福还是祸。

一督统辖四省，削藩以后还未有过，朝廷等于把东南半壁交给了汉人。

第三节 整顿浙江，收复杭州功封少保

太平军在浙江攻城略地，连连得手。浙江全省糜烂。

朝廷下旨，命曾国藩派军援浙。

曾国藩经过深思熟虑，认为让左宗棠独当一面的时机到了。他毫不犹豫地向朝廷拜发了一篇奏请左宗棠援浙并节制浙省诸军的折子，题目是《左宗棠定议援浙节制诸军折》。折子这样写道：

惟帮办军务、太常寺卿臣左宗棠，久驻广信，距贼较近。其平日用兵，取势甚远，审机甚微。近日屡与臣等书函，毅然以援浙为已任。督臣庆端、抚臣王有龄亦奏请左宗棠统军入浙。臣等往返熟商，即请左宗棠督率所部，进援浙江。

折子又写道：

左宗棠现驻广信，距臣国藩安庆行营相隔千余里。若一入浙境，相去弥远，声息难通。遇有转奏请旨之件，诚恐耽延贻误。以后该处一切军情，应由左宗棠自行奏报，以昭迅速。是否有当？伏候谕旨遵行。

折子拜发的同时，考虑到左宗棠援浙兵力太单，曾国藩又飞檄

◎ 刘松山（1833—1870）

　　湖南湘乡人，字寿卿，行伍出身。湘军著名将领。初在老湘军王鑫部下为卒，因作战勇猛拔为哨长。后随曾国藩出省作战，得曾赏识。累官游击、副将、总兵、提督，成湘军名将。1866年（同治五年），随左宗棠入陕甘作战，1870年战殁。

老湘军刘松山部十二营六千人，又加派八营骑队，速赴广信与左宗棠会合并归其节制。

　　鲍超、刘松山二将都是湘军出了名的虎将，为使左宗棠能大显身手，曾国藩不得不忍痛把刘松山这只猛虎赠给他。

　　如果曾、胡相交是披肝沥胆，那么曾、左相交便可称肝胆相照了。

　　十九日后，朝旨飞递安庆和广信两地。旨曰：

　　前已明降谕旨，令曾国藩节制浙江全省军务，并令江苏、安徽、江西、浙江巡抚、提镇以下各官悉归节制。该大臣自不能不统筹兼顾。况安庆克复，湖北、江西将次肃清，自不至有顾此失彼之虞。曾国藩随奏"帮办军务、太常寺卿左宗棠，其平日用兵，取势甚远，审机甚微。近日屡与臣等书函，毅然以援浙为己任。督臣庆端、抚臣王有龄亦奏请左宗棠统军入浙，即请左宗棠督率所部，进援浙江。并将驻防徽州之臬司张运兰，驻防广信之道员屈蟠，驻防玉山之道员王德榜，参将顾云彩，驻防广丰之道员段起各军，及副将孙昌国内河水师，均归左宗棠就近节制调度"等语。着曾国藩即饬左宗棠带领所部，兼程赴浙，督办军务，浙省提镇以下，统归调遣。浙江军务着杭州将军瑞昌帮办。曾国藩又奏"左宗棠现驻广信，距臣国藩安庆行营相隔千余里。若一入浙境，相去弥远，声息难通，遇有转奏请旨之件，诚恐耽延贻误，以后该处一切军情，应由左宗棠自行奏报，以昭迅速"等语。准左宗棠自行奏报。钦此。

不要小看"自行奏报"这四个字，这等于赋予了左宗棠与巡抚同等的权力。接到圣旨，左宗棠哽咽不能成语。他万没想到曾国藩的心胸这么宽阔。

左宗棠出山以来，为张亮基办过文案，又为骆秉章拟过奏稿，却从不曾为自己拟过折子，如今，朝廷终于赐给他这个权力了，他可不能轻易放过机会。

他决定给朝廷上一篇奏折，一为谢恩，同时也是向朝廷汇报眼下浙江的局势。

他在奏折中这样写道：

> 伏念臣一介寒儒，未谙戎务，仰蒙先皇帝特达之知，由举人选次拔擢，补授太常寺卿、帮办军务。每思殚诚尽瘁，以图一报。兹复蒙皇上恩命，督办浙江军务，虽自恨才力庸下，未能匡时济变，仰副恩知。然当全浙鼎沸之时，又何敢稍事诿延，自干咎戾？

折子随后又对局势做了分析：

> 惟浙江全省自金华、严州、处州失守后，绍兴、宁波、台州相继沦陷，局势全非。由江西入浙之道，遍地贼氛……以

江、浙现在局势言之，皖南守徽、池以攻宁郡、广德，浙江守衢州以规严州，闽军严遏其由浙窜闽以绕犯江西之路，然后饷道疏通，米粮军火接济无误，诸路互相知照，一意进剿，得尺则尺，虽程功迂缓，实效可期，此固一定之局也。

左宗棠接着谈了浙江局面变坏的原因：

查浙江军务之坏，由于历任督抚全不知兵，始则竭本省之饷以济金陵大营、皖南各军，图借其力以为藩蔽，而于练兵选将之事漫不经心。自金陵、皖南大局败坏之后，又复广收溃卒，縻以重饷，冀其复振。卒之兵日增而饷日绌，军令有所不能行，以守则逃，以战则败，恩不知感，威不知惧，局势愈益涣散，遂决裂而不可复支矣……

折子拜发的当日，浙江大半土地已沦归太平军李秀成、李世贤所有。

浙江巡抚王有龄一面向朝廷告急，一面派人向曾国藩求援。王有龄焦头烂额，每日都在噩梦中度过。

太平军李秀成和李世贤两部人马，越战越勇。今日取萧山，明日兵发衢州，只打得清军顾东顾不了西，叫苦不迭。

太平军连续攻陷苏州、常州、嘉兴、诸暨等城。浙省诸城失守、收复、再失守，如此循环，生灵涂炭。杭州城解围又被围，被围又解围。王有龄忧愤弥深，操劳过甚，竟然一病不起。十月，随着余杭、绍兴等地相继被攻占，饷源断绝，援师阻隔，杭州"成孤注无可解救"。尽管如此，王有龄与众将官依旧竭尽忠良，以一城当百万军，坚守达两月之久。

十一月二十八日凌晨，李秀成、李世贤率五万太平军对杭州发起猛攻，杭州城破，王有龄兵败自缢，王有龄以下文武各官，尽被杀死。

就是在这种极其被动的局面下，左宗棠孤军进入，开始在浙江东拼西杀，连个囫囵觉都没睡过。

在浙江，李秀成、李世贤二人拥兵不下三十几万，左宗棠和刘松山两部人马不足一万五千人，左宗棠与李秀成、李世贤不敢拼实力，只能拼智谋。左宗棠开始采用各个击破的战术对付二李。两个月不到，二李被左宗棠打得只有招架之功没有还手之力，开始蒙头转向。

杭州城破的消息传到湘军大营后，两江总督曾国藩见火候已到，马上含毫命简，在为杭州守城各官请恤的同时，又密疏请简左宗棠为浙江巡抚。

曾国藩在把奏折抄送左宗棠的同时，又内附密函一封。

密函是这样写的：

浙江竟于十一月二十八日失守，六十万生灵同遭浩劫，天乎酷哉！弟于二十五日覆奏统辖浙江军务，已附片密请简阁下为浙江巡抚，无论是否谕允，目下经营浙事全仗大力，责无旁贷！浙东民情极坏，难遽图志。宜先经略浙西，欲复浙西，又须先固江西以为行军之根本。第一须保全徽、休、婺源，不使浙贼从徽、宁直犯江西，不使安、池各军与阁下隔为两截……

同年十二月二十五日，左宗棠接到圣旨："着赏左宗棠二品顶戴，补授浙江巡抚。"

已经五十岁的左宗棠，做梦都没有想到，进入官场不足两年的他，竟然成了一省巡抚，堂堂的封疆大吏！

同日，朝廷又向各地督抚下达谕旨，准"借师助剿"，准上海成立中外会防局。

大清朝廷在太平天国的强大攻势下，不得不向外国伸出了求助之手。

上海中外会防局，就是当时官军与驻扎在当地的英国军队联合后成立的、意在共同抵抗太平军的军事防御机构。

太平天国成立伊始，在中国境内的各国军队最先抱着的是一种中立的态度，他们当时还看不清鹿死谁手，不敢轻易表明态度。

太平天国强大后，清军开始节节败退，于是外国人达成一致，开始暗中支持太平天国进攻清军。他们向太平天国贩卖最先进的火炮火枪，还帮着杨秀清、石达开等人订购铁甲战船。他们这时甚至已经认定了太平天国一定会赢。

但是，随着太平天国"杨韦事件"的爆发，以及接二连三的内讧，太平军的势力便很快弱了下去，风光渐渐不再。各国权衡利弊，很快又达成一致，转眼开始帮助起清军来，不仅帮着买枪买炮，还向总理衙门许诺可以提供军队。

尽管清廷知道"借师助剿"将后患无穷，但为了能在最短的时间内消灭太平军，也只得孤注一掷了。

这既是大清国的悲哀，也是太平天国的悲哀。

同治元年（1862年）七月，为防太平军对宁波等海口进行攻击，驻宁波法国舰队司令勒伯勒东（Albert Édouard Le Brethon de Caligny）经与宁波海关税务司法国人日意格（P.M.Giquel）反复筹划，函商于刚刚实授浙江巡抚的左宗棠，提出拟在宁波一带募集中国士兵约千人，派法国军官教练，用洋枪洋炮装备，组成一支军队，取名"常捷军"，由勒伯勒东任统领，日意格为帮统，伙同当地清军对太平军作战。

常捷军又称"花头勇""花勇""黄勇""信义军"，外国人则习惯称之为"中法混合军"。

左宗棠一来迫于形势，二来他本人也确实想尽早将浙江全境收复，便同意了法国人的请求，并指定宁波善后局供给该军粮饷。

同年冬，随着战局扩大，左宗棠发布《浙江补救条例》十二条，开始整肃军纪，赈济抚恤，增税劝捐。

其间，左宗棠几次上书总理衙门，筹议撤遣外国雇佣军"常捷军"等，并说："将来经费有出，当图仿制轮船，庶为海疆长久

> ### 人 物 链 接
>
> ◎ 日 意 格（P.M.Giquel，1835—1886）
>
> 　　法国军官。曾参与波罗的海、克里米亚之海战。1857年（咸丰七年）十二月，参加英法联军侵占广州，四年后担任浙江宁波海关税务司。1862年（同治元年），与法国驻宁波舰队司令勒伯勒东组织"常捷军"，任帮统，加参将衔。1866年，帮助左宗棠创设福州船政局，与德克碑一起，出任正、副监督。1868年，因功被清廷破格赏加提督衔。1884年（光绪十年），中法战争爆发，被清政府解职。

之计。"

浙江形势越来越好，就在左宗棠为攻取省会杭州做准备的时候，有一个人来到了他的身边。这个人的出现，不仅让左宗棠在宦途上更加顺畅，也让左宗棠这个官场怪物，身上背了些许骂名。这个人就是胡雪岩。

当时，左宗棠大军正处在缺粮断饷的关键时期，筹粮是左宗棠眼下的头等大事。为了稳定军心，为了早日收复杭州，左宗棠派出一拨又一拨人马，到外省购粮，八方劝捐。就是在这个特殊时期，胡雪岩押着十万石军粮来到了军前。

人物链接

◎ **王有龄**（1810—1862）

　　福建侯官（今福州）人，字英九，号雪轩。道光年间捐纳浙江盐大使，改任慈溪、定海（今舟山）等县知县。1855年（咸丰五年）升杭州知府。历任江苏按察使、布政使等。1860年援杭州，擢浙江巡抚，对抗太平军。1862年1月（咸丰十一年十二月）太平军李秀成部攻入杭州，自缢死。

胡雪岩和原浙江巡抚王有龄交好，而左宗棠对王有龄的印象并不好，王有龄看好的人，左宗棠也很难看好。

左宗棠对王有龄和他的那一帮属下的评价是："可恨王有龄，就养了这么一批人！没事时整天呼朋唤友，事急时登时便作鸟兽散！一个个跑得比兔子还快！"

左宗棠授浙江巡抚后，已请旨革除了原在王有龄身边带兵的五名官员的缺分，砍了四个候补道的脑袋。

但胡雪岩的到来，还是帮了左宗棠一个大忙。不管怎么说，胡雪岩带来了十万石军粮。尽管这十万石军粮不是胡雪岩自己掏的腰包。

经过详细询问，左宗棠才知道这十万石军粮的来历。

不过，左宗棠一见胡雪岩的面，还是先给他来了个下马威：杭州城破，所有在省城办差的大小委员，没有一个活着的。你为什么能活着？

胡雪岩的解释是：杭州城破的那一天，他正好不在城里，受抚台差遣去外省购粮。

左宗棠于是不再怀疑。胡雪岩的十万石军粮，相当于敲门砖，一下子就把巡抚衙门给砸了个稀巴烂。

因为有十万石军粮作媒介，胡雪岩很快被左宗棠委任为洋务委员，负责为巡抚衙门借款、劝捐，和洋人联络。

同治二年（1863 年）三月一日，从福州传来消息：福州将军兼署闽浙总督耆龄病逝了。胡雪岩听说后，一阵风似的跑进巡抚衙门，向左宗棠陈说："耆龄死了，闽浙总督您有份了！我明天就进京吧，所有花销，都由职道①一人承担。保证把事办得漂漂亮亮！"

人物链接

◎ **胡雪岩**（1823—1885）

安徽绩溪人，一说浙江仁和（今杭州）人，名光墉，字雪岩，捐班出身。初在杭州设银号，得巡抚王有龄支持，经理官库银务。后入左宗棠幕，以"熟谙洋务"著称。1866 年（同治五年），在左宗棠调任陕甘总督后，主持上海采运局局务，为左办理采运，筹供军饷和订购军火。1872 年左右，代借内外债达一千二百余万两。在江、浙、湘、鄂等地开设当铺二十余处，又在各省设立阜康银号和当铺，在杭州开设庆余堂中药店，并经营出口丝茶业，是有名的红顶商人。1884 年（光绪十年）受洋商倾轧破产，次年忧愤而死。

---

① 职道：在清朝，下级面对上级的时候多为谦称。道员对上官的谦称为"职道"。

胡雪岩的一番话，倒把左宗棠说糊涂了，他说："你说的这是这么呀？耆龄死了，你怎么乐这样？"

胡雪岩愣住了，回答道："耆龄死了，职道是想进京，去给您活动闽浙总督这个职位。不进京去打点，闽浙总督的大帽子，能落到您的头上吗？"

左宗棠一瞪眼："你净胡闹！全军都欠饷半年了，你让本部堂拿什么去活动？"

胡雪岩一拍胸脯，说："活动经费全包在职道身上，不管花多少银子，职道给您拿。现在您只要给职道一句话，职道明儿就进京。这是官场潜规则，您千万不要对职道说，您不明白这些。"

左宗棠大怒道："去他的潜规则！以后谁再扯这些，小心他的脑袋！"

同治二年（1863 年）三月十八日，距耆龄病逝仅仅十七日，圣旨下到左宗棠大营：赏左宗棠头品顶戴补授闽浙总督，仍兼署浙江巡抚。

听说此事后，胡雪岩第一个愣住了：他万没想到，不按官场潜规则出牌的左宗棠，竟然也能升官！这件事，胡雪岩想了许久，越想越糊涂。

同治三年（1864 年）二月二十四日，杭州被左宗棠收复。太平军守军乘夜从北门逃遁。按《左宗棠年谱》和史料记载，杭州是浙江全省的文化、商业乃至政治中心，人口达八十一万。左宗棠收复杭州时，全城百姓只有七八万人。左宗棠入驻杭州，当日设赈抚局，在人口聚集处广搭粥棚，又收养难民，招商开市。在左宗棠进城之前，最先攻进城里的各路清军，纷纷强占民宅，搜刮民财，霸占民女，几乎无恶不作。左宗棠进城的当日，先将民愤极大的几名清军将领正法，下令不得占用民房宿营，违者立斩不赦。

左宗棠在《进驻省垣设局赈抚筹办情形片》中，非常痛心地说："闻无事时，省城内外居民共有八十一万余口。现除逃亡死故外，陆续来归及存留遗民，合计不过数万口。一片劫灰，伤心惨目！盖两次沦陷，被祸为尤酷也。"

不久，为了稳定民心，左宗棠又命杭州府贴出告示，限城内百姓三日内皆剃发。百姓一时争相传告，欢呼称庆。

红旗捷报递进京师，慈禧太后特别高兴，当日就传话给主持朝政的摄政王，马上下旨，赏加左宗棠太子少保并赏穿黄马褂。大清朝此时的摄政王是谁呢？就是咸丰皇帝的异母兄弟恭亲王奕䜣。咸丰在热河行宫驾崩以后，是他帮助慈禧太后发动了宫廷政变，把咸丰临死遗命的赞襄八大臣怡亲王载垣，郑亲王端华，御前大臣景寿，协办大学士肃顺，军机大臣穆荫、匡源、杜翰、焦佑瀛等，免的免，杀的杀，开启了慈禧、慈安两宫垂帘，恭亲王议政的新阶段。

大小官员以后谒见左宗棠，称呼开始由抚台大人、制台，一跃而变成宫保大人。

清军收复杭州之后，有这样两件大事需要提及：一个就是法国人想在宁波口岸，与左宗棠合资设厂造船，被左宗棠婉辞拒绝；一个就是裁撤常捷军。先说第一件事。

随着杭州、湖州等地的收复，浙江全境被左宗棠平定。法国驻大清公使柏尔德密（J.F.G.Berthémy）的心便活了，他经过与国内电商，征得同意后，便决定在浙江宁波，与左宗棠合建一个造船厂。为了把这件事办成，他特意打发宁波税务司、常捷军副领队日意格，跑到杭州来面见左宗棠，说是法国可以投资，所有造船用的原材料以及技师都可以由法国负责。只要造出船来，法国的所有投资可以用船来偿还，非常划算。

左宗棠同意建厂造船，但不同意与法国合办。无论日意格怎样巧舌如簧，左宗棠就是不答应。

后来有人问起，法国既出钱又出技术人员，这么好的事情，你为什么要拒绝呢？左宗棠回答："法国人又不是傻子，没有利益的事，他们肯干吗？将来一旦经费有出，当图仿制汽轮战船以及铁甲船，方为海疆长久之计，亦乃强国、固国之根本。"左宗棠这句话，对很多人都说过。

再说第二件事：裁撤常捷军。

常捷军伙同上海的常胜军，于同治三年（1864年）的二月间，在攻取余姚时失利，常捷军统领勒伯勒东毙命，常胜军统领美国人华尔（F.T.Ward）受重伤。两军伤亡极其惨重，枪炮及战船也被太平军掳去许多。常捷军副领队法尔第福（T.de Moridrey）顺理成章接任统领。

法尔第福是名法国军官。咸丰十一年（1861年），受法国侵华陆军司令孟托班（Montauban）派遣，为大清国组成炮兵一队，出任统领。该炮队驻上海，配合清军及常胜军对太平军作战。常捷军在宁波组成后，出任炮队管带，受勒伯勒东节制，后与日意格一起，兼任副统领。

法尔第福接任统领之后，渐渐开始不受宁绍台道史致谔的节制，还骚扰百姓，欺男霸女，成了当地一害。

有一次因为饷粮晚发了几日，法尔第福就打发人，把史致谔的老妻和女儿绑到军营，命令史致谔拿重金去赎。

史致谔请左宗棠奏请朝廷，及早裁撤该军，理由是：常捷军器械精良，船坚炮利，帮助我剿杀太平军堪称得手。但若回过头来帮助太平军剿我，也必是心腹大患。洋人都是狗脸人，又最势利不过，此招儿不能不防。史致谔说的都是心里话，他本人就是常捷军的受害者。

左宗棠其实也怕尾大不掉，暗中命令史致谔抓紧筹措撤军所用的银两。史致谔暗中筹措了五十万两银子。

于是左宗棠开始实施他的裁撤常捷军计划。

哪知计划尚未实施，法国驻上海的海军代理司令伏恭（Captain Faucon），又发布命令，将法尔第福调回上海，令副领队德克碑（D'Aiguebelle）接任常捷军统领。

这个德克碑更不是个省油的灯，他到任的当天，便因饷粮等事怂恿常捷军炮击广勇。

得到通报后，左宗棠一面飞饬史致谔务必妥善处理此事，以防激变，一面飞催刘培元率所部水师，连夜赶往宁波，密切监视常捷军的动向，防其猝变。

左宗棠又派快马密令蒋益澧、刘松山两部人马，快速驰往绍兴攻取城池，一面又给李鸿章写信，请李鸿章以通商大臣的名义向伏恭交涉此事。

左宗棠在上报总理衙门时这样写道：

> 兹据史致谔禀称：法兵与广勇争殴一事，系属衅由彼起……洋人在内地强横之状，实有不可以情理论者。上年冬间，宗棠曾以洋将洋兵之害详告史致谔，嘱其勿事招致，以湮其源。无如甬、沪各绅富均视洋将为重，必欲求其助同防剿，以致自贻伊戚。现饬各军勿与计较，冀可免启衅端。此时兵力已敷分布，若更令其随同防剿，不惟与内地兵勇两不相安，且地方收复，残黎甫离兵燹，喘息仅属，蒿目心伤，何堪再受外师之扰？兼之洋将有功则益形骄慢，居之不疑，日后更多要挟。已饬史道乘我军声威正盛，将洋兵陆续遣撤。

左宗棠裁撤常捷军，虽然遇到法国人的多次阻挠，但最后总算把这件事办下去了。常捷军里的洋人全部按合同遣散，日意格回宁波税务司任所，德克碑暂时留在军营，出任教官。

说着话，春耕时节就要到了。眼望着人烟凋敝，广袤的土地，一无籽种，二无耕牛，三无农具，左宗棠很无奈地给朝廷奏上《沥陈浙省残黎困敝情形折》。

左宗棠在折子中这样写道：

> 浙江此次之变，人物雕耗，田土荒芜，弥望白骨黄茅，炊烟断绝。现届春耕之期，民间农器毁弃殆尽，耕牛百无一存。谷豆、杂粮、种子无从购觅。残黎喘息仅属者，昼则缘伏荒畦

废圃之间，撷野菜为食；夜则偎枕颓垣破壁之下，就土块以眠。昔时温饱之家，大半均成饿殍。忧愁至极，并其乐生哀死之念而亦无之，有骨肉死亡在侧，相视而漠然不动其心者。哀我人斯，竟至于此！

臣于去冬曾筹补救十二条，刊发各属。现复筹采买豆谷种子，购办耕牛，召集邻省农民来浙耕垦，冀将来或有生聚之望。惟浙省被难地方极广，巨富绅民早已避地远徙，捐无可捐。臣军之饷，积欠太久，日食尚艰；虽所过地方，每与各统领、营官、哨官共图分食煮粥，俵散钱米，所获贼中谷米，亦酌量赈粜煮粥，暂救目前。然涓滴之施，无裨大局。且距新熟之期太远，灾民朝不保暮，难冀生全。

此折拜发没几日，左宗棠又派胡雪岩赴各省筹措银两，广购谷米种子。

胡雪岩知道左宗棠此时最是用银之际，当下便一口答应下来，转日就带上随员踏上了筹饷、购种之路。

胡雪岩利用这次机会，打着左宗棠的旗号，连蒙带骗，连劝带讹，不仅自己发了笔横财，还帮着左宗棠以及各州县，筹措到了一笔购买耕牛和籽种的银子。

胡雪岩离开后，左宗棠又札饬各府、州、厅、县衙门，密访当地富绅，或浙籍外地官员，号召他们捐银捐物，捐粮捐种，以期尽快恢复元气。

左宗棠这里忙着春播，围困金陵的湘军曾国荃所部，正日夜加紧攻城步伐。六月十六日，金陵城被湘军攻破，守城太平军将士保护幼天王洪天贵福乘夜突围成功。

曾国荃率军入城后，对未及撤走的太平军余部进行疯狂追杀，金陵城很快便燃起熊熊大火。金陵的这把大火整整烧了三天三夜，不仅震惊了朝野，也让曾国藩、李鸿章、左宗棠等人始料不及。据官方资料说，金陵城的这场大火，来源于战火，但民间传说金陵城的这场大火，是湘军故意放的。

左宗棠相信后一种说法。他认为金陵城起火，是曾国荃和他的将领们，在销毁他们分赃的证据！因为洪秀全十几年搜刮的金银珠宝，都存放在金陵城天王府里。左宗棠推测，曾国荃带领湘军进城后，肯定把这些金银珠宝都分掉了。

但这只是左宗棠个人的推测。

第五章

一等伯爵左宗棠

镇压太平天国，大清国封了一位侯爵，是曾国藩。同时封了四位伯爵，左宗棠是继曾国荃、李鸿章、官文之后，第四位锡封伯爵的人。

第一节　浑然不知，一道奏折得罪恩人

一大队太平军保护着他们的幼天王悄悄进入江西地界。

在江西督师的刘典发现情况后，一面联合沈葆桢调兵兜剿，一面紧急派快马向左宗棠汇报情况，并请速派援兵入江。

左宗棠一面派出援军，一面将军情上奏给朝廷。

巧的是，左宗棠的折子抵达京师的时候，曾国藩正带着曾国荃以下出力将弁，在金陵跪接圣旨。

圣旨这样写道：

> 曾国藩奏克复金陵，全股悍贼尽数歼灭。又据曾国荃奏，亲讯李万材，供称："城破后，伪忠王之兄、巨王、幼西王、幼南王、定王、崇王、漳王等，乘夜冲出，被官军马

人物链接

◎ **沈葆桢（1820—1879）**

福建侯官（今福建福州）人，字幼丹，道光进士。授编修，迁御史。1856 年初（咸丰五年底），任江西九江知府，随曾国藩管营务。次年署广信知府，参与镇压太平军。1861 年由曾国藩推荐，出任江西巡抚，倚用湘军将领王德榜、席宝田等镇压太平军。1866 年（同治五年），由左宗棠推荐，继任福建船政大臣，专主福州船政局。1874 年日军侵略台湾时，被派为钦差大臣，办理台湾等处海防，兼理各国事务大臣。带领船舰前往台湾，部署防务，"修城筑垒为战备"。日军撤退后，又购买机器，主持开采基隆煤矿。1875 年（光绪元年），升任两江总督兼南洋通商大臣，督办南洋海防，大力扩充南洋水师，与李鸿章同为清政府筹建海军的主持者。

队追至湖熟桥边，将各头目全行杀毙，更无余孽。"曾国荃又奏，据城内各贼供称："首逆洪秀全实系本年五月间，官军猛攻时，服毒而死，瘗于伪宫院内。立幼主洪天贵福重袭伪号。城破后，伪幼主积薪宫殿举火自焚。"又奏"至伪忠王李秀成一犯，城破受伤，匿于山内民房，十九夜提督萧孚泗亲自搜出，并擒王次兄洪仁达。二十日，曾国荃亲讯，供认不讳"等语。览奏朕心实悦。钦差大臣协办大学士两江总督曾国藩，自咸丰四年在湖南省倡办团练创立舟师，与塔齐布、罗泽南等屡建殊功，保全湖南郡县，克复武汉等城，肃清江西全境。东征以来，由宿松克潜山太湖，进驻祁门，迭复徽州郡县，遂拔安庆省城，以为根本，分檄水陆将士，规复下游州郡。兹幸大功告蒇，逆首诛锄，实由该大臣筹策无遗，谋勇兼备，知人善任，调度得宜。曾国藩着加恩，赏加太子太保衔，锡封一等侯爵，世袭罔替，并赏戴双眼花翎。浙江巡抚曾国荃，以诸生从戎，随同曾国藩剿贼数省，功绩颇著。咸丰十年由湘募勇，克复安庆省城。同治元、二年，连克巢县、含山、和州等处，率水陆各营进逼金陵，驻扎雨花台，攻拔伪城，贼众围营，苦守数月，奋力击退。本年正月克复钟山石垒，遂合江宁之围。督率将士鏖战，开挖地道，躬冒矢石半月之久未经撤队，克复金城，歼除首恶，实属坚忍耐劳，公忠体国。曾国荃着赏加太子少保衔，锡封一等伯爵，并赏戴双眼花翎。

接下来，圣旨又对记名提督李臣典、萧孚泗等一班大将逐一封赏。

按照曾国荃的说法，金陵城里所有的这个王那个王，都被他的部下剿杀，无一漏网。曾国藩相信了自己弟弟的说法，把弟弟的汇报原封不动地转奏给了朝廷。

第二道圣旨这样写道：

钦差大臣科尔沁博勒噶台亲王僧格林沁，已迭次加恩晋封亲王，世袭罔替，着加赏一贝勒，令其子布彦讷谟祜受封。钦差大学士湖广总督官文，加恩锡封一等伯爵，世袭罔替，并加恩将其本支毌庸仍隶内务府旗籍，着抬入正白旗满洲，赏戴双眼花翎。江苏巡抚李鸿章，着加恩锡封一等伯爵，并赏戴双眼花翎。长江水师提督杨岳斌，加恩赏加一等轻车都尉世职，并赏加太子少保衔。兵部右侍郎彭玉麟，着赏加一等轻车都尉世职，并赏加太子少保衔。

圣旨最后写道：

闽浙总督署浙江巡抚左宗棠、江西巡抚沈葆桢等均候闽、赣等省军务平定后再行加恩。

但江西巡抚沈葆桢与闽浙总督左宗棠的奏折进京后，形势立时急转直下，朝廷马上给两江总督衙门追发一旨，很愤怒地质问曾国荃：

据沈葆桢奏，江西潜入大股贼匪。又据左宗棠奏，刘典发现大股贼匪并查明伪幼主洪天贵福即混杂逸贼之中，内中尚有伪干酋、章酋巨寇。左宗棠又奏，已急调蒋益澧入江堵剿，等语。览奏实失朕望。浙江巡抚曾国荃六月十六日攻破外城时，不乘胜攻克内城，率部返回孝陵卫大营，指挥失宜，遂使伪忠酋夹带伪幼主，从太平门缺口突出。闽赣等处尚有长毛数十万众，倘若拥立伪幼主与朝廷对抗，则东南大局，何时可得底定？曾国藩奏洪天贵福积薪自焚，自是听信谣言。现责令该督追查太平门缺口防守不力人员，严加惩处。又据人奏，金陵陷于贼中十余年，外间传闻金银如海，百货充盈，着曾国藩将金陵城内金银下落迅速查清，报明户部，以备拨用。李秀成、洪仁达二犯，着即槛送京师，讯明处决。曾国藩以儒臣从戎，历年最久，战功最多，自能慎终如始，永保勋名。惟所部诸将，自曾国荃以下均应由该大臣随时申儆，勿使骤胜而骄，庶可长承恩眷。

圣旨最后又特别注明："该旨着抄送左宗棠、沈葆桢阅看。"

左宗棠见到这道圣旨后，无异于晴天遭遇了霹雳，险些晕倒在地。

他万没想到，曾国藩在金陵大捷时上奏朝廷的竟是依据曾国荃谎报的军情："洪天贵福积薪自焚将各头目全行杀毙，更无余孽。"而他不经意的一篇奏折，无异于告了曾国藩兄弟一状。更让左宗棠不解的是，朝廷追查金陵金银财宝下落一事，竟然也在同一旨中提起，这等于是说，这件事，也与左宗棠、沈葆桢二人有关。

值得庆幸的是，朝廷并未因此事而把曾国藩怎么样，只是责令其"严查太平门缺口防守不力人员"。设若朝廷因此事而降罪于曾国藩，左宗棠不仅无颜面对曾家兄弟，也无颜面对湘系的所有统兵大员，亦无颜面对李鸿章及其所属淮系的统兵将领。

左宗棠开始忧心忡忡，不知如何面对自己的恩公曾国藩。

后来，左宗棠的家眷入闽，路过金陵时，特意进城到两江总督府盘桓了几日。临离开时，曾国藩让左宗棠的老诰命周诒端，给左宗棠捎了一句话。

当周诒端把曾国藩的这句话说给左宗棠后，左宗棠始而困惑，渐渐沉思，很快便明白过来了。左宗棠从此后才把一颗惴惴不安的心放进肚子里。

曾国藩让周诒端捎给左宗棠一句什么话呢？

曾国藩捎给左宗棠的话是：安心为国家办事，不要轻易便上一些人的当。

左宗棠乍听之下不解，不明白谁敢让自己上当。但经过一番思考后，他终于想明白了，挑拨他与曾国藩关系的，不是别人，正是朝廷。

大清国朝廷不怕曾、左之间不睦，最怕他们之间和睦。他们最担心刚镇压一个洪秀全，又起来一个曾国藩。

蓄意挑拨二人的关系，正是为了皇家的血脉能永远地延续下去。让汉人掌兵已是犯了朝廷的大忌，若再容许湘楚之间继续亲密下去，大清国恐怕也就走到尽头了。这是所有满人最不希望发生的事情。

朝廷的这些心思，瞒得了别人，却瞒不过曾国藩。

表面上看，曾国藩与左宗棠之间出现了隔阂，两个人明显有了

距离，其实，两个人的心更近了。

同治三年（1864年）八月二十七日，一篇由曾国藩亲自草拟的《曾国荃请开缺调理折》由两江总督衙门拜发，快速送往京城。

在折中，曾国藩先说曾国荃病势严重：

> 一月以来，延医诊视，日进汤药，病势有增无减。缘怔忡旧患，起于心血先亏，而成于忧劳过甚。从前数月一发，尚可支持；近则一月数发，日增狼狈。每至举发之时，粥饭不能下咽，彻夜不能成眠。

人物链接

◎ 马新贻（1821—1870）

山东菏泽人，字榖山，道光进士。分发安徽出任建平、合肥知县。1853年（咸丰三年），随袁甲三、翁同书镇压太平军，累迁安徽按察使。1863年（同治二年）任安徽布政使，次年任浙江巡抚。在任期间，修筑海塘，奏减杭、嘉、湖、金、衢、严、处七府浮收钱漕，复兴各府书院等。1868年任两江总督兼通商大臣，奏撤临淮关蒋坝分关。1870年，赴署西偏箭道阅射，事毕由箭道回署时，被张文祥刺死。

又道：

> 思维再四，惟有吁恳天恩，赏准开缺回籍调理，冀得早就痊愈。

折子到京不久，朝廷即下达圣谕：准曾国荃暂行开缺回籍养疾，浙江巡抚着马新贻补授；马新贻未到任前，浙江巡抚着蒋益澧署理；浙江布政使着杨昌濬署理。

接到圣旨的当日，曾国荃含恨离开金陵大营，乘船赶往湘乡。

曾国荃前脚离开金陵，曾国藩

后脚就在总督衙门给朝廷拜发了《近日军情拟裁撤湘勇折》。

曾国藩在折中写道：

> 惟见近岁以来，但见增勇，不见裁撤，无论食何省之饷，所吸者皆斯民之膏脂，所损者皆国家之元气。前此贼氛方盛，万不得已，屡募屡增，以救一时之急。今幸老巢既破，大局粗定，裁一勇即节一勇之靡费，亦即销无穷之后患。诸将之愿遣散归籍，盖未始非臣之幸，未始非大局之幸。

折子又说：

> 求所以善聚不如善散，善始不如善终之道。

曾国藩此奏，正迎合了朝廷的心理，自然没有不准之理。

但左宗棠却不希望湘军全部裁撤掉。他想为湘军保存一支血脉，也算对恩公曾国藩的一种报答。

但因为没有机会，左宗棠只能等等看。

这时，法国新任驻华公使柏尔德密，带着参赞、武官等一应随员，赶到杭州来见左宗棠。

第二节　创建船政，师夷长技建设海防

法国是在道光二十四年（1844 年）《中法黄埔条约》签订后才正式在大清设公使的。首任公使是剌萼尼（Marie Melchior Joseph de Lagrené），在任仅两年，便因年老退任，由陆英（Alexandre de Forth-Rouen）接替。陆英出任公使三年，又被召回国内改任他职，派布尔布隆（A. de Bourboulon）出任驻华公使。布尔布隆一干就是十一年，直到同治元年（1862 年）才卸任，公使一职暂由副公使柏尔德密署理，旋实授。

柏尔德密此次到杭州，是秉承国内的旨意，特来与左宗棠洽谈合作造船一事的。法国内阁对柏尔德密、日意格等人搜集的情报进行分析后认为，左宗棠是迟早要有造船之举的，如果法国不抢先一步，这笔一本万利的生意便有可能被英国夺去。英国是最早与大清打交道的欧洲国家，他们不会放过任何发财机会的。

于是法国内阁密谕柏尔德密，主动出击，尽一切可能说服左宗棠与法国合作。因为他们知道，早在杭州未收复之前，左宗棠便已在衢州试造过汽轮船，可惜没有成功；杭州收复之后不久，左宗棠又将衢州的一些造船匠师悉数迁至杭州，并让这些匠师偷偷考究常捷军从国外采购的汽轮船，决定二次试制。中国匠师在洋船上一遍遍推敲部件，怎能瞒过日意格的眼睛？尽管此时常捷军已在史致谔的力主下大部被裁遣，部分洋兵已拿了高额的禄金回了自己的国家，但常捷军的舰队尚在，目前仍由德克碑、日意格与史致谔三人共同管理。舰队有汽轮船六只，五只全系日意格出面在法国购买，只有一只是英国造。

但柏尔德密此行，同上次一样，仍没有达到预期的效果，左宗棠对法国二次所提之合作造船一事给予严词拒绝。

但左宗棠却建议，如果法国真心想帮助大清，可以帮着考察一下试制汽轮船的失败原因，或者替他们聘请几位真正明白的洋技师。

一见有机可乘，柏尔德密马上请示国内，得到同意后，便再次来见左宗棠，提出："法国为显示与大清友好，决定派日意格、德克碑二人帮助大清国试制汽轮船。"

左宗棠回答："若德克碑帮助试制汽轮船，就不能再兼任常捷军舰队的管带了，德克碑可以充任总督衙门里的幕僚。日意格，也无法再兼任宁波税务司，他同德克碑一样，都可以充作总督衙门里的幕僚，专干试制汽轮船的事。"

柏尔德密不敢应允，于是二次向国内请旨。法国内阁经过讨论，同意左宗棠此议。常捷军舰队于是划归刘培元的水师营，日意格与德克碑二人均以幕僚身份同中国匠师在杭州继续试制汽轮船。

不久，日意格从法国国内船厂又陆续聘到了十几位造船技师。这些技师薪金都很高，来到杭州后，仍以幕僚身份入驻。

同治三年（1864年）九月十日，经各路清军在皖、赣两省围追堵截，太平天国幼主洪天贵福等以下各王，在江西境内被全部歼灭；皖、赣两省境内的太平军余部，陆续退往福建以及陕甘一带。

由左宗棠与沈葆桢联衔题奏的红旗捷报快速发往京师。

圣旨拜发的同时,左宗棠开始安排离浙赴闽就任的事——胡雪岩已带上部分幕僚先期护送左宗棠眷属登船赶往福州。

同治三年十月十一日,一道圣旨飞递进浙江巡抚衙门。内阁奉上谕:

> 闽浙总督兼署浙江巡抚左宗棠督师入浙,恢复浙东各郡县,进规浙西,攻克杭州省城及湖州等府县,肃清全浙,并派兵截剿皖南、江西窜贼,荡平巨股,卓著勋猷,兹当幼逆洪天贵福就擒,歼除余孽,东南军务渐次底定,自应渥加懋赏。左宗棠着加恩锡封一等伯爵,并赏戴双眼花翎。此次截剿幼逆洪天贵福,出力员弁,着左宗棠会同沈葆桢一一查明,汇案保奖。钦此。

镇压太平天国,大清国封了一位侯爵,是曾国藩。同时封了四位伯爵,左宗棠是继曾国荃、李鸿章、官文之后,第四位锡封伯爵的人。

接旨的当晚,左宗棠依老例上折奏请朝廷收回成命。

左宗棠在折中这样写道:

> 伏念臣家业寒素,耕读相承,数百年来并无贵仕。微臣遭际圣时,仰蒙文宗显皇帝特达之知,拔自草茅,置之卿列。自领偏师转战江西、皖、浙之间,不数年迭蒙皇上天恩,洊擢疆圻重任,寸功未建,异数频加。凡兹旷世未有之遭逢,实属

梦寐难期之恩遇。兹复以江西擒获逆种，更荷鸿施，锡封伯爵。自顾何能，滥叨懋赏，早晚惭惧，莫知所为。伏念殄除盗贼，慎固封守，皆疆臣职分当为之事。就使诛巢斩让，克奏肤公，亦只借手告成，功于何有？况论平浙一役，温、处则得闽师之力，嘉、湖则赖苏军之助。即幼逆就擒，亦江西诸将士吏民之力为多。臣幸借助邻封，稍宽咎责，岂宜滥糜好爵，更荷褒封。伏恳皇上鸿慈，允收成命，俾微臣得稍安愚分，益励菲忱，以勉效驰驱，无虞陨越。则有生之日，皆戴德之年，不胜悚息待命之至。

折子递进宫去，朝廷照例不准，又破格在伯爵的前头赏加"恪靖"二字。

大清国的爵位分公、侯、伯、子、男五个等级，公爵一至三等，为超品，是最高的爵位。大清开国，汉人得封公爵的，一个是顺治年间的黄梧，一个是乾隆年间的孙士毅。侯爵也分一至三等，为超品，一等侯赏加一云骑尉世职。大清开国，汉人得封侯爵的，一个是康熙年间的张勇，一个是道光年间的杨遇春，曾国藩是到目前为止得封一等侯爵的第三位汉官。伯爵亦分一至三等，为超品，一等伯例兼一云骑尉世职。大清开国，汉人得封一等伯爵的也不多。据史料记载，只有康熙年间的赵良栋一个。左宗棠是继赵良栋、曾国荃、李鸿章、官文之后的第五位汉官。子爵也分一至三等，是正一品，一等子例兼一云骑尉世职。男爵则为正二品，也分一至三等，一等男例兼一云骑尉世职。大清国官制规定，官员的官位不准袭取，但爵位却是可以袭取的。所以，有些人视爵位更重于自身的官位。

左宗棠得封伯爵的当日，新疆伊犁各族百姓爆发大规模起义，并很快波及天山南北。经各股义军互相拼杀，新疆随后出现五个互不统属的地方政权，并形成分裂割据状态。

是年底，在日意格、德克碑的直接监督下，在外国匠师的直接参与下，第一艘由大清国自己制造的汽轮船在杭州诞生。

左宗棠闻报，急忙坐轿赶到西湖，会同新上任的浙江巡抚马新贻一起，观看新船下水。

见左宗棠亲自来观看汽轮航行，日意格、德克碑二人越发兴奋，竟亲自登船，指挥一班员弁驾驶。

先是一缕浓烟从船上缓缓升起，随即传来一阵突突的马达声，众人眼望着这艘新船离开岸堤向江心驶去。

左宗棠抚须凝望许久，忽然传令把轮船开到最大时速。

日意格禀报，轮船时速已到顶级。左宗棠不满意，让日意格等人想办法提高船速。

这时，太平军余部在李世贤、汪海洋等人率领下由江西转入福建，并很快占领了漳州、龙岩、南靖、平和及长汀、连城、上杭交界之南阳、新泉一带，把福建全境闹了个面目全非。

左宗棠一面亲自赶往福建迎战太平军，一面上奏朝廷，奏留老湘军刘松山部四十营二万人在闽"助剿"。奏折最后说道："俟闽省平定，再由大学士两江总督臣曾国藩将该部湘勇咨调回金陵裁撤。"

朝廷收到左宗棠的奏请，知闽省兵力单薄，只得诏准。

曾国藩知道左宗棠的良苦用心，他为了能把刘松山及所部兵勇长期留在左宗棠的身边，于是又上奏朝廷，提出："恳请格外天恩，也为左宗棠调派便当，能否将刘松山所部改隶楚军建制？"

朝廷见到曾国藩的折子，只得同意。以后老湘军就跟随左宗棠作战。

第三节　兴办洋务，开创中国第一船厂

福建全省收复后，马新贻派人把日意格、德克碑，以及所有造船的匠师，送到福州，交给左宗棠。马新贻这么做的理由只有一个：这些人是左宗棠聘请的，不是他请来的，他不能为这些人付薪水。这些人突然没了薪水，自然要闹。马新贻二话不说，派人给左宗棠送了过来。

听说马新贻把试制轮船的日意格、德克碑等人送到了福州，左宗棠眼睛一亮，突然生出一个想法：既然有现成的造船技师，为什么不就势在福州建立一个造船厂呢？

他把胡雪岩传进签押房，开始商量设局造船的事情。

随着福建省内各州县逐渐被收复，左宗棠开始派随员，到马尾一带勘察船局场地。日意格和德克碑听说后，当时乐得一蹦老高。

不久，造船厂场地确定下来，左宗棠便命德克碑带人，去杭州搬运机器，日意格则快速回国，去购办造船所用的各种机器。

左宗棠这里忙得脚打后脑勺，两广总督瑞麟，却正和新到任的广东巡抚郭嵩焘，闹得不亦乐乎。

论起与洋人交涉之道，郭嵩焘认为，洋人也并非都不讲道理，关键也看我们怎么去做。

瑞麟马上就提出反对意见，还拿叶名琛的例子说事。

以后，每逢郭嵩焘要做的事情，瑞麟一定反对，弄得郭到任三月有余，却一件事也办不成。不久，两个人又开始互相弹劾。

郭嵩焘参了瑞麟大罪两款：一罪是"总兵卓兴、方耀因从前微有劳绩，竟至骄怯。而瑞麟仍复迁就优容并不早加参劾，致使两广军务废弛"；一罪是"两广政事不举，军务废弛，盖因瑞麟重用劣幕徐灏所致"。折子为此列举了徐灏操纵幕府的五大证据。

瑞麟则参了郭嵩焘大罪四款：一罪是"与洋人拉拢过密"；一罪是"凡事自己做主张，不听规劝"；一罪是"以掣肘为能事"；一罪是"一言不合便意气用事"。

朝廷一气之下，马上给左宗棠下旨一道，命其速赴广州查办，理由是：左宗棠秉心公正，谅不肯稍涉偏徇，代人受过。

左宗棠可不想去干这种出力又得罪人的事，他连夜拟就《请将访查事件另派员查办折》，请朝廷换人。

在折中，左宗棠先谈了一下自己对郭嵩焘所参瑞麟各款的看法，称："郭嵩焘所陈数误，自系实在情形。"接着又讲了一下郭嵩焘的为人："郭嵩焘勤恳笃实，廉谨有余，而应变之略非其所长。"最后才道："臣于郭嵩焘生同里闬，且与臣胞兄儿女姻亲，应请回避。伏恳简派妥员查办以昭核实。"

折子拜发的当日，左宗棠又给郭嵩焘急函一封。函曰：

至粤东贻误各节，尊疏已详，但言之未尽也。督于抚虽有节制之义，然分固等夷，遇有龃龉，应据实直陈，各行其是，惟因争权势相倾轧则不可耳。老兄于毛寄耘，心知其非，而不能自达其是，岂不谓委曲以期共济，而其效已可睹。兹复濡忍出之，迨贻误已深。而后侃侃有词，则已晚矣。谕旨敕就近查办，已将同里而兼婚姻之故，请旨回避。至贻误各节，则彰明较著，无待察访也。计此书到时，必已奉明谕及之，故不必有所隐匿。弟自揣疏狂婞直，久不见谅于人，行当自陈，以避贤路。惟所事未了，不得不婆娑以俟耳。

朝廷很快下旨诏准所请，但左宗棠寄给郭嵩焘的这封书信，却大大地伤了郭嵩焘的自尊。

郭嵩焘出身两榜，左宗棠则出身一榜，何况官文诬陷左宗棠，是他郭嵩焘出面在咸丰面前为他一力开脱罪名，否则左宗棠怎么会有今天。郭嵩焘认为自己可以教训左宗棠，左宗棠却没有资格教训自己。这其实是郭嵩焘一生的悲哀。但直肠子实心眼的左宗棠，并不知道郭嵩焘的想法。

十日后，左宗棠在福建巡抚徐宗幹、候补道胡雪岩等人陪同下，乘轿来到马尾口岸，视察造船局的进展。造船局厂房已盖起大半，正在加紧建造存放材料用的库房。日意格已从国外采购了部分机器，并有一些已经装船起运，大概两月后就可抵达码头。德克碑已奉了徐宗幹札委，到法国采购钢铁、煤炭等物，同时办理聘请洋技师等事。

左宗棠在马尾看一路笑一路，对徐宗幹、胡雪岩二人夸奖一路。左宗棠夸奖胡雪岩筹借洋款有功，赞徐宗幹督办有方、委员得当。徐宗幹、胡雪岩二人当日都特别欢喜。

从马尾回到福州没几日，左宗棠便向朝廷上了《拟购机器雇洋匠试造轮船先陈大概情形折》。该折从海防、商业、民生和漕运四个方面论证自造轮船的可行性以及强国、富民的诸多好处。

折子这样写道：

窃维东南大利，在水而不在陆。自广东、福建而浙江、江南、山东、直隶、盛京，以迄东北，大海环其三面，江河以外，万水朝宗。无事之时，以之筹转漕，则千里犹在户庭，以之筹懋迁，则百货萃诸廛肆，匪独鱼、盐、蒲、蛤足以业贫民，舵艄、水手足以安游众也。有事之时，以之筹调发，则百粤之旅可集三韩，以之筹转输，则七省之储可通一水，匪特巡洋缉盗有必设之防，用兵出奇有必争之道也。况我国家建都于燕，津、沽实为要镇。自海上用兵以来，泰西各国火轮兵船直达天津，藩篱竟成虚设，星驰飙举，无足当之。自洋船准载北货行销各口，北地货价腾贵，江浙大商以海船为业者，往北置货，价本愈增，比及回南，费重行迟，不能减价以敌洋商……目前江浙海运即有无船之虑，而漕政益难措手。是非设局急造轮船不为功。从前中外臣工屡议雇、买、代造，而未敢轻议设局制造者：一则船厂择地之难也；一则轮船机器购觅之难也；一则外国师匠要约之难也；一则筹集巨款之难也；一则中国之人不习管驾，船成仍须雇用洋人之难也；一则轮船既成，煤炭薪工需费不訾，月需支给，又时须修造之难也；一则非常之举，谤议易兴，创议者一人，任事者一人，旁观者一人，事败垂成，公私均害之难也。有此数难，毋怪执咎无人，不敢一抒筹策，以徇公家之急。

臣愚以为欲防海之害而收其利，非整理水师不可；欲整理水师，非设局监造轮船不可。泰西巧而中国不必安于拙也，泰西有而中国不能傲以无也。虽善作者，不必其善成；而善因者，究易于善创。

如虑船厂择地之难，则福建海口、罗星塔一带，开漕浚渠，水清土实，为粤、浙、江苏所无。臣在浙时，即闻洋人之论如此。昨回福州参以众论，亦复相同。是船厂固有其地也。

如虑机器购觅之难，则先购机器一具，巨细毕备，觅雇西洋师匠与之俱来。以机器制造机器，积微成巨，化一为百。机器既备，成一船之轮机即成一船，成一船即练一船之兵。比及五年，成船稍多，可以布置沿海各省，遥卫津、沽。由此更添机器，触类旁通，凡制造枪炮、炸弹，铸钱，治水，有适民生日用者，均可次第为之。惟事属创始，中国无能赴各国购觅之人，且机器良楛亦难骤辨，仍须托洋人购觅，宽给其值，但求其良，则亦非不可必得也……

至非常之举，谤议易兴，始则忧其无成，继则议其多费，或更讥其失体，皆意中必有之事……中国之睿知运于虚，外国之聪明寄于实。中国以义理为本，艺事为末；外国以艺事为重，义理为轻。彼此各是其是，两不相喻，姑置弗论可耳；谓执艺事者舍其精，讲义理者必遗其粗，不可也。谓我之长不如

人物链接

◎ 威妥玛（T.F.Wade,1818—1895）

英国外交官。曾在剑桥大学读书，毕业后加入陆军，1852年（咸丰二年）任英国驻上海副领事。1854年，英、法、美三国取得上海海关控制权后，被委任为上海江海关第一任外国税务司，次年辞职。1858年任英国驻华全权专使额尔金的翻译，参与胁迫清政府签订中英《天津条约》《北京条约》的活动。1866年（同治五年），在英国公使阿礼国授意下，向清政府呈递《新议略论》。1871年任英国驻华公使，1876年（光绪二年）借口马嘉理案强迫清政府签订《烟台条约》，扩大英国在华的侵略特权。1883年退职回国，1888年任剑桥大学首任汉语教授，并将掠得的大量汉文、满文图书赠给剑桥大学。在华期间，曾编汉语课本《语言自迩集》，设计拉丁字母拼写汉字。这种拼法称"威妥玛式"，在欧美曾广为使用。

外国，借外国导其先，可也；谓我之长不如外国，让外国擅其能，不可也……

臣自道光十九年海上事起，凡唐、宋以来史传、别录、说部，及国朝志乘、载记，官私各书，有关海国故事者，每涉猎及之，粗悉梗概。大约火轮兵船之制，不过近数十年事，于前无征也。前在杭州时，曾觅匠仿造小轮船，形模粗具，试之西湖，驶行不速。以示洋将德克碑、税务司日意格，据云大致不差，惟轮机须从西洋购觅，乃臻捷便。因出法国制船图册相示，并请代为监造，以西法传之中土……

此折拜发后，左宗棠又接到谕旨，谕旨就英国公使馆参赞官威妥玛受公使阿礼国指使向总理衙门呈递《新议略论》一事，着各督抚详细筹议。威妥玛所呈之《新议略论》一文，旨在阻挠中国造轮船，再次提出雇船胜于造船，并说，英国已与各国达成共见，各国均可为中国提借欲雇之轮船。

左宗棠把《新议略论》反复看了两遍，然后给朝廷上了《复陈筹议洋务事宜折》，对威妥玛所论逐条给予驳复。左宗棠甚至指出：

> 就英、法两国而言，英诈而法悍。其助我也，法尚肯稍为尽力，英则坐观之意居多；法之兵头捐躯者数人，英无有也。法人与中国将领共事，尚有亲爱推服之事；英则忌我之能，翘我之短，明知中国兵力渐强，彼之材技有限，而且深藏以匿其短，矜诩以张其能也……

左宗棠最后又写道：

> 据德克碑云，中国拟造轮船，请以西法传之中土，曾以此情达之法国君主，君主允之，令其选国中工匠与之俱来，未知确否。现在借新法自强之论既发之威妥玛、赫德，则我设局开厂，彼虽未与其议，当亦无词阻挠。

左宗棠对英国人讨厌至极，闽浙要办的任何洋务，他只让法国人

人物链接

◎ 赫 德（R.Hart，1835—1911）

英国人。字鹭宾。1854年（咸丰四年）到香港，在英国商务监督公署任职。次年，任驻宁波领事馆翻译。1858年调任广州领事馆助理。1863年（同治二年），继李泰国（英国人）任总税务司。他在中国任海关总税务司达四十八年之久，是英国侵华的主要代表人物之一。

参与，而不准英国人染指，更不让英国人得些许之利。

英国人始终恨左宗棠，左宗棠到死亦恨英国人。

一月后，圣谕到达，批准左宗棠在马尾设局造船所请：

> 左宗棠奏现拟试造轮船并奏覆陈筹议洋务各折。览奏均悉。中国自强之道，全在振奋精神，破除耳目近习，讲求利用实际。该督现拟于闽省择地设厂，购买机器，募雇洋匠，试造火轮船只，实系当今应办急务。所需经费，即着在闽海关税内酌量提用。至海关结款虽充，而库储支绌，仍须将此项扣款按年解赴部库，闽省不得辄行留用，如有不敷，准由该督提取本省厘税应用。左宗棠务当拣派委员，认真讲求，必尽悉洋人制造、驾驶之法，方不致虚糜帑项。所陈各条，均着照议办理……另折奏覆陈筹议洋务事宜，着留中。

很显然，朝廷对左宗棠第二个折子的观点持不同意见，留中不发实等于驳复。但无论朝廷持何种观点，其他督抚如何办理，左宗棠自己已打定主意，他在闽省所办涉洋之事，就是不准英国人染指分毫，当然，借款除外。

接旨之后，左宗棠自是满心欢喜，感觉前路一片光明。随着机器的陆续购进，左宗棠开始委员赴各省招募中国工匠和船政学堂的首期生员，又命胡雪岩在福州办理选募做工人员。

日意格由法国回到福州后，马上便被左宗棠札委为即将设立的船政局正监督，总揽船政局除经费以外的所有事务。

日意格奉到札委登时喜得一蹦三尺高，他一面催促胡雪岩加速选募工人，一面急函在法国尚未动身的德克碑，着其从速统带已聘之法国匠师登船返闽，不准延误半刻，唯恐夜长梦多。真正应了古人的那种老话：一朝权在手，便把令来行。日意格不想耽搁过久，其实是怕别国人插手进来分利分肥，他自然要比左宗棠、徐宗幹、胡雪岩等一班中国在事官员都急。

德克碑倒也真是听话，他接到日意格的信时原本正在乡下度假，他准备假期过后再从容返闽，如今一见日意格发了急，他也就马上结束假期，当日返回巴黎并快速召集所有已雇之匠师到巴黎会合，又赶到外务部去请旨，商议动身一事。

三天后，趾高气扬的德克碑带着所有人众，包轮船离开巴黎，向大清国行来。德克碑如此匆忙返闽还有另外一层原因：日意格在信中已答应在左宗棠面前保举他为船政局副监督。这个发财的好机会，德克碑是抵死不肯错过的。

经过一阵紧锣密鼓的忙碌，福建的福州船政局（当时叫总理船政）终于在德克碑一行人众赶到的第二天正式挂匾成立。

创办该局首期费用为四十七万两白银，除胡雪岩原向英国东亚银行借款三十万两白银外，左宗棠又派员自筹了十七万两。该局日常所需银款，自设立之日始，奉旨每月由闽海关拨银五万两使用。该局札委日意格与德克碑分任正副监督，工头亦由法国人担任。

船政局最先只有二十几名法国匠师、五十余名中国匠师、一千七百名本地做工人员，后随着规模不断增大，法国匠师陆续增至一百余名，做工人员也达到二千三百名左右。

该局由铁厂、船厂和船政学堂三部分组成，是当时大清国唯一的专门制造汽轮船的大型制造工业基地。船政学堂又称"求是堂艺局"，招收十六岁以下的学生，分前学堂（造船班）、后学堂（驾驭班），体制悉按法国海军院校成规。

因福州船政局设在马尾，故又称马尾船政局。

这时，陕甘一带地方，因连年歉收，爆发了规模更加浩大的回民起义，其声势只在太平天国之上，不在其下。义军在极短的时间内发展成几十万之众，并很快将陕甘一带大部分州、县占据。陕甘总督杨岳斌会同陕西巡抚刘蓉，紧急向朝廷告急：陕甘形势岌岌可危。

朝廷原打算把官文调过去，哪知把他传过来后，听说让他去陕甘，他竟然一跤跌倒，昏倒在皇宫里。

经过反复商量，慈禧太后决定把左宗棠调离闽浙。左宗棠现在在两宫太后的眼里，就是灭火员，哪里着火，就调他去哪里。

圣旨跟手就下来了，没有任何商量的余地：准杨岳斌开缺回籍养病，左宗棠转补陕甘总督。左宗棠所遗闽浙总督一缺，放马新贻补授。着英桂署理福建巡抚，放徐宗幹转补浙江巡抚。

左宗棠接到转补陕甘总督的圣谕后，脑海顿觉一片空白。心里想的是：船政局完了！因为马新贻根本不赞成成立什么船政局，认为是胡扯。

他当夜把徐宗幹、胡雪岩等人召集到总督衙门，集思广益，让大家想办法。可这个时候，谁能想出更好的办法呀。还不是得按朝廷说的办。

左宗棠急得两眼冒火，捶胸顿足，却又无计可施。

时间是同治五年（1866 年）八月十七日，左宗棠已经五十五岁。

想了几天，左宗棠终于想到了曾国藩。处理这种事，自己的这位老哥哥最有经验了，为什么不问问他呢？左宗棠说办就办，马上就给曾国藩写了一封信，让曾国藩给出个主意。

曾国藩收到左宗棠专人递送的书信后，略想了想，便给恭亲王和左宗棠各拟函一封。曾国藩向恭亲王建议说："左宗棠入陕甘后，军饷必要从闽浙出，而浙省将兴，饷必无出，饷源只能在闽。徐宗幹久在福建，与左宗棠又配合默契，似不宜动。"曾国藩最后又向恭亲王建议说："福州船政局新成，须派大臣专管。该局由左宗棠一手创办，左宗棠现虽调任陕甘总督，但对船政局一切事务仍当预闻，方为万全之策。"

曾国藩给左宗棠的信中，先谈了一下自己对陕甘用兵的看法，认为兵单不能成事，提出拟调刘松山大营随行前往。曾国藩最后才谈到船政局。曾国藩认为："为使船政局不受督抚干预，非奏调一名大员专管不行。"曾国藩建议左宗棠"上书总理衙门并奏请朝廷，奏请起复正在福州丁忧守制的前江西巡抚沈葆桢为船政局大臣，由部颁发关防，凡事涉船政，其可专折请旨，不受督抚节制"。

曾国藩短短的一封信，让左宗棠茅塞顿开。

他顾不得多想，提笔便给总理衙门上书。书曰：

窃维轮船一事，事在必行，志在必成。而将军、督抚事务既繁，宦辙靡常，五年以内，不能无量移之事。洋人性多疑虑，恐交替之际，不免周章。前此本拟俟开局以后，请派京员来闽，总理船政，以便久司其事。现则请派京员已迫不及待。惟前江西巡抚沈幼丹中丞，在籍守制，并因父老，服阕欲乞终养，近在省城，可以移交专办。沈中丞清望素著，遇事谨慎，可当重任，派办之后，必能始终其事。

书函发走，左宗棠对胡雪岩一班人说："老话讲，宰相肚里可撑船，我一直不信，今天看曾相国，书荐沈葆桢管理船政，我才知此言不虚。"

左宗棠为什么发如此感慨呢？原来，曾国藩与沈葆桢之间也是有过一些过节的。曾、沈二人之间的恩怨，不独湘系的人知道，楚、淮各系的人也都尽知。

沈葆桢，字幼丹，福建侯官人，道光二十七年（1847年）进士，选庶吉士，期满授编修，迁御史。在御史任上，数上书论兵事，为咸丰帝所知。咸丰五年（1855年），出为江西九江知府。九江为太平军所破，得曾国藩保举，为湘军办理营务，次年署广信知府，同太平军作战。曾国藩惜才，累疏荐其能，诏嘉奖以道员用，咸丰七年（1857年）实授广饶九南道。咸丰八年（1858年），赏三品顶戴按察使衔，转补吉赣南道，未就，旋奉曾国藩之命回籍募勇。时曾国藩在江西用兵累受江西巡抚陈启迈掣肘，曾国藩怒参陈启迈，并密保沈葆桢江西巡抚。朝廷随后下旨说"朕久闻沈葆桢德望冠时，才堪应变，以其家有老亲择江西近省授以疆寄，便其迎养"。依曾国藩原意，沈葆桢出自幕府，到任后，断不会为厘局一事与已掣肘。

但沈葆桢到江西后，见曾国藩在江西设厘卡如云，而全然不顾江西本省的死活，便拜折一篇，称江西百姓穷苦，百业凋敝，奏请湘军在江所设厘局，应分拨一半给江西本省留用。朝廷诏准。沈葆桢所为，大伤曾国藩之心，亦让所有湘军将领恼火。有人甚至背着曾国藩去信责问沈葆桢，问沈葆桢如此作为，是否想蹈陈启迈的覆辙。沈葆桢却是不理，依然我行我素。这件事，使曾国藩与沈葆桢之间，无法再像从前那样相处，但曾国藩仍然很敬重沈葆桢。沈葆桢为官清正，敢作敢为，从不以私废公。曾国藩敬重沈葆桢还有另外一层原因，沈葆桢是一代名臣林则徐的女婿，这后一点，最被时人看重。

尽管对曾国藩来说沈葆桢有负义之举，但沈葆桢也确有沈葆桢的难处。从曾国藩向左宗棠密荐沈葆桢总理船政这件事来看，曾国藩不仅理解了沈葆桢当时的处境，也原谅了沈葆桢。

就目前的情况来看，凭沈葆桢的名望，若沈葆桢当真能出任船政大臣，不要说马新贻奈何不了船政局，就连福州将军英桂，也不敢轻易对船政局下手。

左宗棠很快拜发《请简派重臣接管轮船局务折》。左宗棠在折中写道：

　　臣维制造轮船一事，势在必行，岂可以去闽在迩，忽为搁置？且设局制造，一切繁难事宜，均臣与洋员议定，若不趁臣在闽定局，不但头绪纷繁，接办之人无从谘访，且恐要约不明，后多异议，臣尤无可诿咎。臣之不能不稍留两三旬，以待此局之定者此也。惟此事固须择接办之人，尤必接办之人能久于其事，然后一气贯注，众志定而成功可期，亦研求深而事理愈熟。再四思维，惟丁忧在籍前江西抚臣沈葆桢，在官在籍久负清望，为中外所仰。其虑事详审精密，早在圣明洞鉴之中。现在里居侍养，爱日方长，非若宦辙靡常，时有量移更替之事。又乡评素重，更可坚乐事赴功之心。若令主持此事，必期就绪。商之英桂、徐宗幹，亦以为然。臣曾三次造庐商请，沈葆桢始终逊谢不遑。可否仰恳皇上天恩，俯念事关至要，局在垂成，温谕沈葆桢勉以大义，特命总理船政，由部颁发关防，凡事涉船政，由其专奏请旨，以防牵制。其经费一切，会商将军、督抚臣随时调取，责成署藩司周开锡不得稍有延误。一切工料及延洋匠，雇华工，开艺局，责成胡光墉一手经理。缘胡光墉才长心细，熟谙洋务，为船局断不可少之人，且为洋人所素信也。此外尚有数人可以裨益此局者，臣当咨送差遣，庶几制造、驾驶确有把握。微臣西行万里，异时得幸观兹事之成，区区微忱亦释然矣。至此事系臣首议试行，倘思虑未周，致多疏漏，将来察出，仍请旨将臣交部议处，以为始事不慎者戒。

折子里说的胡光墉，就是胡雪岩。

当晚，胡雪岩从起稿师爷的口里得知左宗棠密保他一手办理船政局以后之工料购进及延洋匠、雇华工、开艺局等事后，登时喜得心花怒放，他梦寐以求的这个肥缺总算被他捞到了。

第一道圣旨先期入闽。旨曰：

有人奏，左宗棠调补陕甘总督，其后路粮饷多由闽出。左宗棠与徐宗干相处最久，配合默契，当此时艰之时，徐宗干似不宜调补浙抚。览奏均悉。马新贻暂毋庸升授闽浙总督，徐宗干着毋庸调补浙江巡抚。闽浙总督着漕运总督吴棠补授。吴棠未到任前，闽浙总督着福州将军英桂暂行署理。左宗棠离任后，制造轮船一事着吴棠接办，不可日久废驰。钦此。

相距五日，二旨又火速递到。旨曰：

前因闽省设厂制造轮船，事关紧要，特经谕令吴棠接办。兹据左宗棠奏请派重臣总理船政，接管局务一折，该督以轮船事在必行，不以去闽在迩，遽行搁置，实属沈毅有为，能见其大。着遵奉前旨，将设局造船事宜办有眉目，再行交卸起程。沈葆桢办事素来认真，人亦公正廉明，现虽守籍家居，惟事关船政大局，必须经理得人。该前抚务当出而任事，不可稍行诿卸。所有船政事务，即着该前抚总司其事，并准其专折奏事。先刻木质关防印用，以昭信守，一俟局务办成，再行奏请部颁关防。一切应办事宜并需用经费，均着英桂、吴棠、徐宗干妥为经理，仍随时与沈葆桢会商，不可稍有延误。道员胡光墉，即着交沈葆桢差遣。

接旨的当晚，左宗棠在让文案拟就《详议创设船政章程购器募匠教习折》《密陈船政机宜并拟艺局章程折》的同时，又附《船局事件仍必会衔具陈以昭大信片》。片曰：

再，日意格、德克碑昨次来闽禀称，轮船局一切条约皆臣核定，仍请臣主持此事。当即告以业经请简总理船政大臣，事有专属，自可毋庸与顾；且相距万里以外，亦势难与顾也。该洋员仍以为言。

窃维洋人素性多疑，骤难譬晓。始事之初，须坚其信。揣彼疑虑之端有二，不过事虞牵制，费虞不继已耳。复告以身虽去闽，此事究属首先倡议，事成无可居之功，不成则无可逭之罪。如有谬误，应加议处，业经奏明在案，是未尝置身事外也。至经费每月四万两，已指关税协饷，万无不继之理。如尚虞不继，则闽省尚有协甘之饷四万两，可以通融，当预为筹之。日意格等意始释然。应先陈明，此后船局遇有陈奏事件，仍由沈葆桢会臣后衔，以昭大信。

可否之处，伏惟圣裁。

关于船政章程并艺局章程，朝廷是这样答复的：

左宗棠奏请详议船政章程并艺局章程，各开单呈览，及晓谕日意格等各折片。览奏均悉。此次创立船政，实为自强之计。若为浮言摇惑，则事何由成？自当坚定办理，方能有效。左宗棠所见远大，大臣谋国，理当如此。其所议优待局员，酌定程限，甚为周妥。均着照所请行。若五年限满，洋员教有成效，即着照所议加赏，以示奖励。其日意格、德克碑勤劳即著，忠顺可嘉，尤当优加赏赉。并着英桂等存记。俟五年后，中国工匠如能按图监造，自行驾驶，即着奏闻，候旨破格于原定赏银之外，再给优赏。届时甘肃必早底定，朝廷不难令左宗棠赴闽，共观厥成。该督等可传谕日意格、德克碑，俾其专心教习，毋稍疑惑。其余所议各条，亦属妥协，并着照所议办理。左宗棠虽赴甘肃，而船局乃系该督创立，一切仍当预闻。沈葆桢总理船政，其未服阕以前，遇有船局事宜，由英桂等陈奏；服阕以后，由沈葆桢会同该督抚陈奏，均着仍列左宗棠之名，以期始终其事。左宗棠业经起程，船局事务，沈葆桢自当专心经理，英桂、吴棠等亦当和衷商酌。于日意格等加意笼络，勿稍膜视。

接着，左宗棠又收到朝廷旨意，让他即赴陕甘。接旨的当日，他匆匆与吴棠、沈葆桢等人办了交接，第二天就督率亲兵六营离开福州，由江西赶往湖北。

时间是同治五年（1866 年）底，离大年的到来不足半月。

第四节　转督陕甘，为赴新任业托葆桢

一进陕西地界，最先见到的是先来一步的刘锦棠。

刘锦棠是老湘军统领刘松山的侄子，特率部前来接应左宗棠。

一见刘锦棠，左宗棠分外高兴。左宗棠非常高看刘锦棠。

刘锦棠是湖南湘乡人，字毅斋，以监生捐县丞。其父名厚荣，早年投湘军，与太平军作战战殁。其为报父仇，弃县丞不做而随其叔父刘松山同投曾国藩麾下。

刘松山被曾国藩拔为营官后，刘锦堂为刘松山办理文案，闲暇时则与兵书战策为伴，深得曾国藩嘉许。刘松山临阵对敌，每有疑难，亦与之商议。其每献计于松山，使松山每战必捷，直累功至提督衔，与鲍超齐名；刘锦棠本人，也因佐松山兵事有功，被曾国藩保举成二品顶戴候补巡守道，并拨七营人马归其统带。刘锦棠早年丧父，一直视刘松山为父。刘松山也因连年征战未娶，视锦棠如子。

人物链接

◎ **刘锦棠（1844—1894）**

湖南湘乡人，字毅斋，监生出身，湘军名将刘松山侄。晚清湘军重要将领。青年即随刘松山转战各地，因功晋道员。1870 年（同治九年），刘松山战殁，上赏京卿衔接统老湘军。出关后，总统关外各军，对阿古柏作战。收复新疆后，因功赏戴双眼花翎，晋男爵。1883 年（光绪九年），授兵部右侍郎。次年新疆改设行省，出任首任巡抚。

刘锦棠时年不过二十八岁，如此小的年龄，能有如此之成就，在当时的大清来说，的确是凤毛麟角。左宗棠不能不高看一眼，常说：生子当如刘毅斋。

因陕甘贫瘠，左宗棠不得不奏请朝廷，允借洋款以应急。朝廷批准。

左宗棠于是饬命胡雪岩速赴上海与洋行接洽，专门负责借款的事。

收到饬命，胡雪岩知道自己发大财的时机到了。

三个月后，经胡雪岩之手借到的首期洋款六十万两送达潼关。

胡雪岩在给左宗棠的密信中称：另一百四十万两借款已有眉

目，东亚银行已答应商借，但利息非一分二不办。

洋人借机抬高借款利息这本在左宗棠的意料之中，但一下子抬高这么多，这还是让左宗棠吓了一跳，他只能用缩短还款日期的办法来减少损失，除此之外，也确实没有第二个办法。而这其实都是胡雪岩捣的鬼。

同治七年（1868 年）六月二十八日，已经五十七岁的左宗棠，率军出陕甘，与李鸿章一道，镇压了纵横十八年的西捻军。左宗棠因功，被朝廷赏加太子太保衔，并交部照一等军功议叙，同时命其进京陛见。

为了报答潘祖荫的救命之恩，他的好朋友刘典，特意为他准备了一件青铜器。

为了尽快见到两宫太后和小皇帝，当然还有潘祖荫，左宗棠于同治七年（1868 年）七月十五，统带亲兵十营，离开吴桥乘轿赶往京师。

从咸丰十年（1860 年）募勇开始，左宗棠就一直想进京面圣、答谢恩人，但一直未得成行。一晃八年过去了，这个愿望才终于实现。一想起这些，左宗棠就无限感慨。

第六章

开一榜拜相先河

论功行赏，六十二岁的左宗棠被破格钦赐进士出身，赏加翰林，以陕甘总督之位晋协办大学士，开一榜不能拜相之先河。清朝定制，一榜举人不能拜相，非翰林出身不能拜相。左宗棠是大清开国一榜拜相第一人。

第一节 奉旨入京，打破官场潜性规则

京师早已不是三十年前的京师了。

左宗棠的车驾接近京师城垣时，他印象中的城墙原本是整洁如洗的，但现在却布满了枪炮轰击后的痕迹，不用问，这肯定是之前英法联军攻占京师时留下的创伤。

左宗棠鼻子一酸，两眼跟着流出泪来。他想起了咸丰皇帝，想起了咸丰皇帝下给自己的几道圣旨。

他当夜被引到贤良寺住下。贤良寺在东华门的冰盏胡同，就是原来雍正年间怡亲王允祥的府第，改成寺后，专供封疆大吏入觐述职时下榻之用。

打发走来看望他的官员，左宗棠决定先去看望潘祖荫。

潘祖荫三十九岁，此时官居大理寺少卿，

见面之后，左宗棠告诉潘祖荫，从咸丰十年开始，他就一直想进京来看他，可是没能实现。左宗棠同时告诉潘祖荫，他此时进京就想办三件事。第一件事是当面答谢潘祖荫，第二件事是向两宫太后和皇上请训，第三件事就是要和官文算算账。

潘祖荫告诉左宗棠，官文病得很重，眼看着就要走了，这个时候还要和他算账，不怕人笑话吗？

于是左宗棠打消了与官文对质的念头。

第二天左宗棠开始去各个王府拜见王爷们。因为不懂规矩，都是空手去空手回，把几位王爷气得发疯，商量着要整治整治他。

慈禧太后可不管这些，先赏左宗棠紫禁城骑马，然后又同着慈安太后以及小皇帝同治，一起召见他。因为左宗棠没有受过培训，他说的湖南话慈禧太后听不明白，就让左宗棠写个折子递上来。

回到贤良寺的当日，左宗棠便谨遵慈禧太后的话，闭门谢客，他当真给朝廷拟了个《陕甘饷源奇绌请旨拨实饷折》，决定把憋在心里的话以及陕甘的情形一股脑说出来，请个懿旨下来，省得回任后户部以及各省又延迟着不认真去办理，到时将会难上加难。

按照常理推断，左宗棠上折子前，应该和恭亲王先计议一下才好，但他此时偏偏要为恭亲王设想，认为恭亲王是大忙人，每天要办许多事情，再去扰他便有些不该，何况做陕甘总督的是他左宗棠，又不是恭亲王，陕甘的事情，自然要陕甘总督自己拿主意才是正理，别人说什么都是瞎扯。

左宗棠的折子很快便递进宫了。

左宗棠在折中一共向朝廷提了八点陕甘兵事不易措手之处：

　　窃陕甘筹饷之艰，天下共知。其所以异于诸省者：地方荒瘠，物产非饶，一也。舟楫不通，懋迁不便，二也。……新畤已废，旧藏旋空，搜掠既频，避移无所，三也。变乱以来，汉回人民死亡大半，牲畜掠粮鲜存，种艺既乏壮丁，耕垦并少牛马，生谷无资，利源遂塞，四也。……陕甘则食物翔贵，数倍他方，兵勇……一饱之外，并无存留，盐菜、衣履复将安出？

五也。……捐输[①]则两省均难筹办。军兴既久，公私交困，六也。各省转运虽极繁重，然陆有车驮，水有舟楫，又有民夫足供雇用。陕甘则山径荦确，沙碛荒远……且粮糗麸料，事事艰难，劳费倍常，七也。……陕甘则衅由内作，汉回皆是土著，散遣无归，非筹安插之地给牲畜籽种不可。……用费浩繁，难以数计，八也。

该折的后面，他又附《请将各省酌留厘金移作西征军饷片》，提出：

> 现在军务荡平，东南各省饷事足敷周转。虽厘金一项曾奉谕旨量为裁减，酌留大宗，统计为数尚巨，似可移作西征军饷。

慈禧太后读完折子，想了想，也不去见慈安太后，自己提笔就在上面批了"军机大臣会同户部速议具奏"几个大字。

慈禧太后放下笔，起身走了两步，又坐下，提笔在上面加写了"刘松山饷需，谕令马新贻从速协拨，不得延误"十八个小字。

恭亲王收到宫里转来的左宗棠折、片未及读完，头皮已是一炸，暗道："这个左季高，怎么就给太后上了这么一个折、片，他这不是要把各地督抚都得罪光了？"恭亲王没想到左宗棠不光不送

---

① 捐输：是清朝为筹措军饷特意给想做官、进学的人所提供的一种门路。只要拿出一定数额的银两，就可以买到相应的官职或监生资格。捐官不属正途，人们习惯称其为杂途或捐班。

人物链接

◎ 文祥（1818—1876）

满洲正红旗人，瓜尔佳氏，字博川，号文山，道光进士，晚清重臣。初授工部主事，累官郎中、太仆寺少卿、内阁学士，历礼部、户部、吏部右侍郎。1859 年（咸丰九年），命在军机大臣上行走，调工部右侍郎、户部左侍郎。1860 年，英法联军攻陷北京，咸丰帝被迫北狩，命留京随同恭亲王奕䜣与英、法议和。1861 年，同恭亲王奕䜣、大学士桂良奏请改变大清国的外交、通商制度，设立总理各国事务衙门，诏准，并被任为总理各国事务衙门大臣。咸丰帝病死热河，参与祺祥政变，得慈禧太后信任，擢都察院左都御史、工部尚书兼署兵部尚书，为内务府大臣兼都统。以军机大臣兼总理衙门大臣达十五年之久。

礼，也不按官场规矩办事。

当晚，恭亲王把文祥、宝鋆、沈桂芬三人请到王府里会商此事。

几个人商量之后，决定让潘祖荫去点拨点拨他，省得他总惹事。

哪知道潘祖荫还没见到左宗棠，左宗棠又惹上事了。他惹上宫里当红的太监安德海了。

听说左宗棠进京陛见，太监总管安德海急忙翻出一串红辣椒，让两个太监拿上，去给左宗棠请安，其实是来索贿。两个太监见到左宗棠后，把一串红辣椒递给左宗棠说："安公公知道大人是湖南人，爱吃辣，就特遣奴才把这串辣椒送给大人佐餐用。"

左宗棠没想到太监敢公然来勒索他，就冷着脸子把辣椒接过来看了看，又反手递给太监说："请你转告安公公，我是湖南人不假，但并不吃辣。希望他在宫里头好好当差，不要做违法的事。我不惹他，他也不要惹我。"

这话传到安德海耳中后，安德海真是恨死了左宗棠，说左宗棠是头湖南老犟驴。

安德海是直隶南皮人，十三岁自宫为宦，人称"小安子"。

咸丰十一年（1861年），因为慈禧太后密送懿诏进京，得慈禧太后宠幸，晋总管，渐干国政，权势比一些军机大臣还隆。尤其是近几年，慈禧更是宠他宠得厉害，没人敢给他一点气受。许多进京引见的官员，只要走了他的路子，都能得个好缺分，竟至传扬开来，使得一些督抚也要与他结识，为的是把印把子拿稳。他得了甜头便不想罢手，每逢有大员觐见，他不等人家来请，便主动打发人去请安，请安时手里不是拿根黄瓜便是一串辣椒，算是见面礼。进京的官员都知道他的意思，也就不等他开口，便三万两万地把银票送给他。来送黄瓜、辣椒的太监自然也不能白跑腿，也有上百两银子的赏赐。安德海如此做法，几乎已成定例，无人敢驳情面。

人 物 链 接

◎ **沈桂芬**（1818—1880）

顺天宛平（今北京）人，字经笙，道光进士。晚清重臣。1863年（同治二年），署山西巡抚，后进京供职。1867年任军机大臣，兼总理各国事务大臣。1879年（光绪五年）崇厚与俄人议订条约，丧权辱国，举国哗然，他从中委曲调停，易使往议，改订条约。

◎ **安德海**（1844—1869）

直隶南皮人，十三岁自宫为宦，人称"小安子"。1861年（咸丰十一年），因为慈禧太后密送懿诏进京，得慈禧太后宠幸，晋总管，渐干国政。1869年（同治八年）秋，奉慈禧太后命往南方采办宫中用物，一路张扬跋扈，弄权纳贿，被山东巡抚丁宝桢捕杀。

但此次他偏偏在左宗棠这里栽了个跟头，他能不恨吗？

潘祖荫见到左宗棠后，委婉地告诫左宗棠，做人有做人的原则，做官有做官的规矩，不能乱来。说了好大一通道理，哪知道左宗棠半句都没听进去。

潘祖荫气得够呛，左宗棠也气得够呛。

第二节　左李携手，据理力争保护船厂

经过几年征战，陕甘形势渐渐好转。

同治十一年（1872 年）二月初四，为大清国立下汗马功劳的一代名相、左宗棠的恩公曾国藩，薨于两江总督任所。

消息传来，年迈的左宗棠放声大哭。左宗棠含悲为曾国藩拟挽联一副：

> 谋国之忠，知人之明，自愧不如元辅；
>
> 同心若金，攻错若石，相期无负平生。

读到此联的人至此才发现，所谓曾、左不和，纯属妄自猜测。

曾国藩刚刚离世，内阁学士宋晋，便递上奏折一篇，以"制造轮船靡费太重"为由，"请暂行停止"造船，也就是解散船政局。

朝廷征求左宗棠的意见。左宗棠抱病拜发奏折一篇，对宋晋的提议，持反对意见。该折先据理驳斥了停造轮船的言论，称：

> 窃维制造轮船，实中国自强要着。臣于闽浙总督任内，请易购、雇为制造，实以西洋各国恃其船炮横行海上，每以其所有傲我所无，不得不师其长以制之。其时英人威妥玛、赫德借新法自强之说，思借购、雇而专其利；美里登、有雅芝等亦扬

言制造耗费，购、雇省事，冀以阻挠成议。幸赖圣明洞鉴，允于福建设立船局，特命沈葆桢总理船政……西征以后，迭接沈葆桢、周开锡、夏献纶函牍，皆称船政顺利，日起有功。第一号轮船万年清驶赴天津时，华夷观者如堵，诧为未有之奇。

又说：

如果优其廪饩，宽以时日，严其程督，加以鼓舞，则以机器造机器，以华人学华人，以新法变新法，似制造、驾驶之才，固不可胜用也。

折子最后又道：

窃维此举为沿海不容已之举，此事实为国家断不可少之事。若如言者所云即行停止，无论停止制造，彼族得据购、雇之永利，国家旋失自强之远图，靡军实而长寇仇，殊为失算。

几乎就在此折拜发的同时，直隶总督协办大学士李鸿章也上了《筹议制造轮船未可裁撤折》。李鸿章在折中向朝廷发出呼吁：

臣愚以为，国家诸费皆可省，惟养兵设防、练习枪炮、制造兵轮船之费，万不可省。求省费，则必屏除一切，国无与立，终不得强矣。左宗棠创造闽省轮船，曾国藩饬造沪局轮船，皆为国家筹久远之计，岂不知费巨而效迟哉！惟以有开必先，不敢惜目前之费，以贻日后之悔。该局至今已成不可弃置之势，苟或停止，则前功尽弃，后效难图。而所费之项，转成虚糜，不独贻笑外人，亦且浸长寇志。

左、李二人遥相呼应，福州船政局裁撤之议终未得通过。

同治十二年（1873 年）十月二十五日，随着苏州的收复，陕甘全境平定。论功行赏，六十二岁的左宗棠被破格钦赐进士出身，赏加翰林，以陕甘总督之位晋协办大学士，开一榜不能拜相之先河。清朝定制，一榜举人不能拜相，非翰林出身不能拜相。左宗棠是大清开国一榜拜相第一人。

左宗棠当夜抱病亲书谢恩折拜上。

他鉴于自己百病缠身，去日无多，又受皇恩深重，不敢心存懈怠，极想在有生之年，把自己要办的事，该办的事，必须办的事，次第办完，以报答破格的皇恩。他得知为及早收复被阿古柏占领的新疆，张曜大军已先期抵哈密的消息后，当即给张曜写信，提出屯田一说。他告诉张曜：

哈密既苦于兵差，又被贼扰，驻军其间，自非力行屯田不可。然非麾下深明治体，亦断不能办理妥贴，可期实济。从前诸军亦何尝不说屯田，然究何尝得屯田之利？亦何尝知屯田办法？一意筹办军食，何从顾及百姓？不知要筹军食，必先筹民食，乃为不竭之源；否则兵欲兴屯，民已他徙，徒靠兵力兴屯，一年不能敷衍一年，如何得济？闻哈密地方沃衍，五谷皆宜，节候与内地不异……自力可耕垦，无籽种牛力者，酌其能耕地若干，分别分给，令其安心耕获。收有余粮，由官照时价给买，以充军食。其必须给赈粮者，亦酌量发给粗粮，俾免饥饿。壮丁能耕，每人每日给粮一斤；老者、弱者每名每日五两，聊以度命而已。其种籽必须临时发给，庶先作赈粮食去，又不下种也。

左宗棠在信后又讲述了一下军屯的具体办法。

很快，朝廷又颁诏四海，实授景廉为乌鲁木齐都统、钦差大臣，金顺为帮办大臣，督办新疆军务。

左宗棠对景廉并不看好，但朝廷既然已把复疆大任交给了他，左宗棠也不好说别的。

人物链接

◎ **张曜**（1832—1891）

直隶大兴人，字朗斋，号亮臣，行伍出身，不通文墨。初在河南固始参与办团练，后自募一军，因功得授河南布政使。同治初，御史刘毓楠参劾其目不识丁，将其由文官改为武职，以总兵加提督衔，被降格使用。张曜从此发愤读书，始通文墨。1866年（同治五年），为镇压捻军，河南巡抚李鹤年募军两支，一为豫军，一为嵩武军。其中豫军由宋庆统率，嵩武军则由张曜统率。同治七年，率嵩武军赴直隶、山东"剿捻"。"剿捻"完毕后，授广东陆路提督，派往陕西镇压回民起义，参与收复新疆战事。累官广西、山东巡抚。

◎ **金顺**（1831—1886）

满洲镶蓝旗人，伊尔根觉罗氏，字和甫。初授骁骑校尉，随多隆阿在湖北、安徽镇压太平军，因功晋协领。陕甘事发，被穆图善奏调至陕甘作战，因功授镶黄旗汉军副都统，1866年（同治五年），出任宁夏副都统，同治八年暂代宁夏将军，同治十年擢乌里雅苏台将军。不久因过褫职。出关后，累官正白旗汉军都统、乌鲁木齐都统、伊犁将军等。

第三节　岛国来犯，一石惊起海塞激争

岛国日本以琉球船员在台湾遇难为借口，突然发兵侵犯台湾一事，打乱了大清国西征的部署。大清国朝廷不得不由专注新疆，转而兼顾起海防来，并由此引发了一场声势浩大的塞防与海防之争。

同治十三年（1874 年）年初，经过充分准备，早已觊觎我国台湾地区的岛国日本，借口琉球船员在台湾被当地人杀害，悍然发动对台湾的战争，只用三昼夜便将台湾占领，其进军之速大出朝廷所预料。日本此次虽只派兵三千，但船坚炮利，士兵手里的器械精良，极有战斗力。

这件事最后虽然仍然通过外交谈判得以解决，但大清国不仅允给日本恤银十万两，还对日本军队占据台湾期间所有修道、建房等偿银四十万两，并承认日本此次侵台是保民义举。日本侵台事件，无意中显示了日本海防的强大，也暴露了大清国海防的薄弱。

大学士、直隶总督、北洋通商大臣李鸿章，经过慎重考虑，给朝廷上了一个《筹议海防折》，提出：

> 况新疆不复，于肢体之元气无伤，海疆不防，则腹心大患愈棘，孰重孰轻，必有能辨之者。此议果定，则已经出塞及尚未出塞各军，似须略加覆减，可撤则撤，可停则停，其停撤之饷，即匀作海防之饷。否则，只此财力，既备东南万里之海

疆，又备西北万里之饷运，有不困穷颠蹶者哉！

李鸿章上折不久，两江总督、南洋通商大臣李宗义也就加强东南海防一事拜上一折，所论与李鸿章基本相同；随后，福建船政大臣沈葆桢、署福建巡抚丁日昌、闽浙总督李鹤年、署河道总督乔松年以及江苏巡抚吴元炳等人，也纷纷上折，主张暂时维持新疆现状，专注东南海防。只有湖南巡抚王文韶等少数人上折，认为"俄人不能逞于西北，则各国必不致构衅于东南"，主张宜以全力注重西北，认为塞防大于海防，强调海防为轻，塞防为重。

人物链接

◎ 丁日昌（1823—1882）

广东丰顺人，字禹生，又作雨生，贡生出身。1859年（咸丰九年）任江西万安知县，旋入曾国藩幕。1863年（同治二年）被李鸿章从广东调至上海专办军事工业。介绍容闳赴美购买机器，参与筹设机器局。1865年授苏松太道，协助曾国藩与李鸿章办理洋务，兼任江南制造局总办，旋升两淮盐运使。累官江苏布政使、江苏巡抚、福建巡抚等。

针对绝大多数官员专注海防之论，慈禧太后会同恭亲王与一班在京的大学士、军机大臣反复议论了两月有余，终觉专注海防，就此放弃新疆似有欠妥之处。

慈禧太后为稳妥起见，着令军机处给各省督抚遍发询旨，同时亦将李鸿章等人的折子悉数抄阅，让大家共同讨论，"妥筹密奏"。

询旨递进兰州，左宗棠把李鸿章、李宗义等人的奏折全部阅看一遍，很快便形成自己的观点。他赞成李鸿章提出的加强东南海防之议，但对移塞防之饷作海防之饷一说，却持有不同看法。

光绪元年（1875 年）三月初七，经过反复论证，左宗棠所奏之《复陈海防塞防及关外剿抚粮运情形折》拜往京师。左宗棠坚持道：

> 窃维时事之宜筹，谟谋之宜定者，东则海防，西则塞防，二者并重。今之论海防者，以目前不遑专顾西域，且宜严守边界，不必急图进取，请以停撤之饷匀济海防；论塞防者，以俄人狡焉思逞，宜以全力注重西征，西北无虞，东南自固。此皆人臣谋国之忠，不以一己之私见自封者也。

慈禧太后召集在京的一班王大臣讨论，最后决定按照左宗棠所陈的办理：海防、塞防并重。

一道密旨悄悄递往兰州左宗棠之手：

> 关外现有统帅及现有兵力能否剿灭此贼？抑或尚有未协之处，应如何调度始能奏效？或必须有人遥制，俾关外诸军作为前敌，专任剿贼，方能有所禀承？着通盘筹划，详细密陈。

慈禧太后不问别人，专问左宗棠，可见左宗棠在慈禧太后心目中的位置何等重要。

左宗棠接旨的同时，大学士直隶总督李鸿章亦收到圣谕，着派李鸿章督办北洋海防事宜，所有分洋分任练军设局及招致海岛华人诸议，统归其择要筹办。

左宗棠性情原本耿介，不会拐弯抹角，加之收复新疆事关国家安危，自不敢稍存私念，只能对现居新疆之帅、将据实陈奏，以供朝廷采择、参考。

他先谈统帅景廉：

关外统帅景廉，素称正派，亦有学问，承平时回翔台阁，足式群僚。惟泥古太过，无应变之才。所倚信之人如裕厚等，阿谀取巧，少所匡助，而倚势凌人，时所不免。额尔庆额初到时，因采办粮食与局弁商办，局弁备举以告，裕厚恶其漏泄，立将局弁棍责三百，额尔庆额衔之。又，额尔庆额初见景廉，接待不甚款洽，自此晋见甚稀，不乐为用。额尔庆额虽性情粗莽，不甚晓事，然胆力尚优，如有以慰其心，未尝不可得其力也。

谈完景廉，又谈景廉与金顺之间的统属问题：

以现在通筹全局而言，金顺既居前敌任战事，似宜以战事责之。关外统驭之权，在乌鲁木齐都统。若以景廉之任改畀金顺，令得节制各城办事、领队大臣，而以金顺所任京秩改畀景廉，以于前敌事宜呼应灵通，较易措手。

关外兵力本不为薄，惟胜兵少而冗食多，以至旷日稽时，难睹成效。于此而欲从新布置，非严加汰遣不可。臣前在肃州，与金顺定议，先将旧部挑汰资遣，足成十二营外，挑留明春所带成禄旧部并成三营，合成十五营。金顺又请调臣部冯桂增马队一营、炮队一起，以勇丁五百、夫二百为一营计算，已近万人。嗣明春奉旨授哈密帮办大臣，不归金顺统领。金顺又广收投效将弁勇丁，遂至营数渐增，多至二十营有奇。如果一律精实，则此二十营已足敷攻剿之用，不须更调。现在贼势无增，而官军渐增渐多，不符原议之数。若就现有兵力而言，岂复尚虞不足？

至用兵之道，规摹局势，先后缓急，尚可预为商酌；至临敌审几致决，瞬息不可，兵情因贼势而生，胜负止争呼吸，断无遥制之理。臣自忝预军事，至今阅时颇久。窃维用兵一事，在先察险夷地势，审彼己情形，而以平时所知将士长短应之，乃能稍有把握。

人 物 链 接

◎ 袁保恒（1826—1878）

字小午，籍隶河南项城，道光三十年进士，选庶吉士，期满授编修，后从父袁甲三在安徽随团练大臣周天爵办团练。1859年（咸丰九年）回京供职，十年复命赴父甲三军营帮办军务。累官翰林院五品侍讲、侍读庶子，1864年（同治三年）擢四品侍讲学士，命赴淮北接统其父甲三所统各军。因屯田议未即行请旨，诏斥其不谙体制，下部议降一级，回京以从五品鸿胪寺少卿候补。后随左宗棠入陕，得重用，出任西征粮台督办、西安制造局督办。后回京任职。

左宗棠接着又谈了对西征粮台督办袁保恒的看法：

至袁保恒于同治七年钦奉谕旨，派赴臣军差遣委用。臣念学士清班，非如僚属之可加以督责，正以难于位置为疑。闻其为人，姿性警敏，素尚圆通，而豪侈骄矜，习惯成性，在所不免。因奏请其办理西征粮台，专司开单奏催协饷及咨函分致各省关之事，饷到即交驻陕总理军需局道员沈应奎，由其一手经理，而军装局亦附焉……如是者五年，袁保恒遇事启告，曲致袁忱，亦无过失可指。乃自奉帮办出关转运事宜恩命而后，一变其从前所为，不特遇事不相关白，即奏报亦不令臣预闻。所请巨款，动称某款需用若干，初年若干，常需若干，浑言应需，而不条举所需数目，其空言无实，已可概见。

折子随后又对在哈密屯田的广东陆路提督嵩武军统领张曜等人，做了比较客观的评价。折后，左宗棠再附《筹借洋款片》，奏请准借洋款二百万两。

左宗棠的折子进京没几日，朝廷便一连下了三道圣旨。

第一道圣旨：

左宗棠着补授东阁大学士，仍留陕甘总督之任。

第二道圣旨：

左宗棠着以钦差大臣督办新疆军务，金顺仍帮办军务。西征粮台督办袁保恒、乌鲁木齐都统景廉，着回京供职。

第三道圣旨：

左宗棠奏海防、塞防实在情形，并遵旨密陈各折片，览奏均悉。所称关外应先规复乌鲁木齐，而南之巴、哈两城，北之塔城，均应增置重兵，以张犄角。若此时即拟停兵节饷，于海防未必有益，于边塞大有所妨。所见甚是。至海防之饷，据称始事所需与经费所需无待别筹。综计各省设防，事属经始，需款较巨。若仅将购船、雇船之费备用，短缺尚多。此则宵旰焦思，而尚待与各省疆臣共商经画者也。关外军事、饷事，总须委任得人，方克肤功迅奏。本日已明降谕旨，授金顺为乌鲁木齐都统，并将景廉调补正白旗汉军都统，与袁保恒一并谕令来京供职矣。致临敌审几致决，诚难遥制，而规摹局势先后缓急，左宗棠亦谓尚可豫为商酌。且西征将领，分位均属相埒，若非有重臣为之统率，不但诸军无所禀承，且恐各不相下，贻误戎行。左宗棠着以钦差大臣督办关外剿匪事宜，金顺着帮办关外剿匪事宜。惟甘省善后事宜，该大臣次第兴办，正在吃紧之际，而粮饷、转运各事，亦应由关内预为经营。左宗棠或驻扎肃州，或随时出关料理粮运，以期内外兼顾之处，着酌度情形，妥筹具奏。

此旨到后不久，又有旨下：

左宗棠奏请筹借洋款二百万两，本日已明降谕旨，准照办理。

朝廷至此才算定下大政方针，决定筹借洋款，用武力来收复新疆了。

第七章

收复新疆建奇功

左宗棠到京的第二天，驻英、法两国公使兼驻俄公使伊犁事件交涉钦差大臣曾纪泽，代表本国政府在俄国都城圣彼得堡，与俄国外交大臣吉尔斯，重新签订了震惊世界的《中俄伊犁条约》（又称《中俄改订条约》）。该条约虽未将崇厚原订之约全盘推翻，但总算争回了前划失的伊犁南境特克斯河流域，把损失降到了最低点。

第一节 回绝调停，征兵饷粮誓师西征

随着大清国武力收复新疆号角的吹响，左宗棠更加忙碌起来。

但俄国却不相信大清国朝廷肯舍此财力来对新疆用兵，他们派出军官索思诺夫斯基（Sosnovski）等一行多人来到兰州，以旅行、考察为名刺探军事情报，并在面见左宗棠时，主动表示愿意为出关各军代购军粮五百万斤。

索思诺夫斯基称："俄国在山诺尔地方产粮甚多，驼只亦健，距中国古城地方不远。如中国出关各军需用粮食，伊可代办，送至古城交收。由俄起运，须护运兵弁，均由在山诺尔派拨，其兵费一并摊入粮脚价内，每百斤只须银七两五钱，极其便宜。"

左宗棠猜不透俄国人的真正用意，但一时又恐索思诺夫斯基购粮是真，怕错过机会，就委知府衔甘肃候补同知丁鄂等十几人赴巴里坤，委布政使衔甘肃即补道陶兆熊赶赴古城，专办向俄国购粮事宜。索思诺夫斯基郑重其事地为二人开具了用中俄两国文字写就的购粮函件，然后才离开兰州快速回国。为清军代购军粮一说，自然也随着索思诺夫斯基的离去而再无下文，陶兆熊赶赴古城亦无结果。这其实只是俄国人在试探大清国是否当真西征所施行的一个计策。

光绪元年（1875 年）八月二十日，经过慎重考虑，左宗棠札委老湘军统领刘锦棠，总统向肃州集合之各路官军。刘松山战死之

人物链接

◎ **阿古柏（约 1821—1877）**

　　19世纪中叶中亚细亚浩罕汗国安集延任浩罕王帕夏（总司令）。1865年（同治四年），率军侵入中国喀什，占领南疆。1867年建立"哲德沙尔"汗国，自称"毕条勒特汗"，并与俄、英等国勾结。1877年（光绪三年）在维吾尔族人民反抗和清军打击下，兵败库尔勒，被部下击毙。

后，左宗棠便将老湘军交给刘锦棠统带。

　　与阿古柏素有勾结的英国政府，见大清国当真要用武力收复新疆，亦顿时慌了手脚，急电驻华公使威妥玛，着威妥玛务必说服大清国罢兵；阿古柏此时也通过英国外务部转求威妥玛，请威妥玛居间调停、斡旋，甘愿以附属国自居。

　　威妥玛于是到总理衙门找恭亲王游说此事。

　　恭亲王不敢公开对威妥玛的斡旋表示拒绝，但声称：关于新疆的战与和，我家太后已全权委托钦差大臣、大学士、陕甘总督左宗棠定夺。

　　恭亲王把皮球一脚踢给了左宗棠。威妥玛当即给左宗棠发函一封，申明受阿古柏委托，愿出面调停此事。

　　左宗棠阅信大怒，当即回函，称："战阵之事，权在主兵之人，非他人所可参预。"一口便回绝了威妥玛的居间调停、斡旋。纵观晚清时期，只有左宗棠敢对英国人如此不客气。

　　是年底，左宗棠上奏朝廷："现遵旨整军出关，而饷源涸竭，事机紧迫，奏请照台防成案，允借洋款一千万两，仍归各省关应协西征军饷分十年划扣拨还，俾臣得所借手，迅赴戎机。"

　　尽管此前朝廷已明谕各省，"嗣后无论何省，不得辄向洋人筹借"，但又以"惟左宗棠因出关饷需紧迫，拟借洋款一千万两，事非得已，若不准如所请，诚恐该大臣无所措手，于西陲大局殊有关系"的理由，于光绪二年（1876年）正月初七日下旨照准。左宗棠西征所借洋款，全由胡雪岩经手办理。仅瞒报利息一项，胡雪岩就已经成为大清屈指可数的富翁。关于这件事，驻英法两国公使曾纪泽，曾多次给左宗棠写信。

光绪二年（1876年）春，左宗棠命令总兵刘厚基："沿河宜广种榆柳，不但固堤岸，亦可制戎马，想已兴办。数年来陇中遍地修渠、治道、筑堡、栽树，颇有成效，亦皆各防营之力耳。"

左宗棠同时传谕各路将赴肃州之官兵，每兵携树种十棵，沿路插栽，不得敷衍、胆玩。

很快，帮办陕甘军务刘典奉旨风尘仆仆到达兰州，连日与左宗棠商榷军事及善后未尽事宜。

事隔一月，左宗棠亲率亲兵十哨、练丁一营、马队四起，从兰州动身，西赴肃州督军。行前，左宗棠命随行兵勇每人携带柳树种近百棵，于路广为栽种，以固风沙、雨水。

几乎在左宗棠离开兰州的同一天，总统老湘军西宁道刘锦棠，按照左宗棠事先的吩咐，命麾下记名提督新授汉中镇总兵谭上连、记名提督宁夏镇总兵谭拔萃、记名提督陕安镇总兵余虎恩三将，率

所部马步各营，先后由嘉峪关次第出关，向新疆开进。

左宗棠在赶往肃州的途中，一直在思考关外总指挥的人选问题。左宗棠从金顺想到了额尔庆额，又从额尔庆额想到了张曜，最后又想到年仅三十三岁的刘锦棠。左宗棠反复思虑后认为，刘锦棠文韬武略俱优，战功、才识卓越异常，只有让他代替自己节制出关各路官军与敌作战，才有胜算之把握。

于是左宗棠在到达肃州的当天，在汇报抵兰出塞日期折中，向朝廷郑重提出：

大约由肃州以西按台站行走，中途无须停顿。由巴里坤达古城十一站，应察看地形，留驻数营，防贼旁窜。抵古城后，须军粮取齐，乃可趋战。臣宗棠所带亲兵马步各营暂驻肃州，俟前路粮运至古城，后路肃州、安西、哈密各有储积，乃可前进。其前路进止机宜，已面授总理行营营务处西宁道刘锦棠相机酌度，不为遥制。

左宗棠同时又札饬关外金顺、张曜各军，传达已委刘锦棠节制各军之命。金顺、张曜二人接到咨文，虽满腹不满，却又不敢不遵照办理。

左宗棠到肃州的第二天，西征军二十营在刘锦棠统带下，在肃州的大营前举行了隆重的出关祭旗仪式，然后便祃旗启行，由嘉峪关出关西征。

光绪四年（1878年）正月初七，除伊犁九城外，新疆其他地方均被清军收复。左宗棠因功由一等伯晋为二等侯；刘锦棠由骑都尉世职晋为二等男。其他领兵大员也各有不同程度的封赏。

左宗棠是道光末年至今，继曾国藩之后，生前封侯的第二人。

为了及早要回伊犁，朝廷派崇厚出任驻俄公使，与俄国谈判索还伊犁的事。

但崇厚在不经请旨的情况下，竟擅自与俄国签订了《里瓦几亚条约》，只要回了伊犁，而周边的大片领土，则全部给了俄国。

朝廷无奈之下，只好改派驻英、法两国公使曾纪泽，兼署驻俄公使，与俄国重开谈判。为了配合曾纪泽谈判，左宗棠又让人抬上棺枢，带上钦差大臣关防，以六十九岁高龄，出关到哈密驻扎。

左宗棠此时已百病缠身，起卧都很艰难。为了让他尽早恢复身体，朝廷下旨，命他进京养病。于是他举荐刘锦棠接任钦差大臣，然后启程回京。路过兰州的时候，署陕甘总督杨昌濬，为他撰写了一首七绝，以志纪念：

大将筹边尚未还，
湖湘子弟满天山。
新栽杨柳三千里，
引得春风度玉关。

左宗棠到京的第二天，驻英、法两国公使兼驻俄公使伊犁事件交涉钦差大臣曾纪泽，代表本国政府在俄国都城圣彼得堡，与俄国外交大臣吉尔斯，重新签订了震惊世界的《中俄伊犁条约》（又称《中俄改订条约》）。该条约虽未将崇厚原订之约全盘推翻，但总算争回了前划失的伊犁南境特克斯河流域，把损失降到了最低点。

第二节　抱病出京，一代能臣薨逝福州

左宗棠进京不久，圣旨便颁下："大学士左宗棠，着管理兵部事务，在军机大臣上行走，并着在总理各国事务衙门行走。"

左宗棠接旨的当日就上折请假养病。慈禧太后允准。

◎ 李莲英（1848—1911）

直隶河间（今属河北）人，绰号"皮硝李"，咸丰时自阉为宦。性狡黠，以善梳新髻得慈禧太后欢心，由梳头房太监拔擢为总管太监，赐二品顶戴。在宫五十余年，干预国政，广植私党，卖官鬻爵。

左宗棠在贤良寺养病期间，大内总管、慈禧太后身边最得宠的太监李莲英来看望他。

李莲英为了能给左宗棠留个好印象，特命人从江南运来野山荽一竹筐，又在京城命人精选上等红辣椒两串，作为给左宗棠的见面礼。

但左宗棠不仅没有见李莲英，还让身边的戈什哈[①]传话：好好伺候太后，不要干违法的事。李莲英气得直跳脚，他决定把左宗棠撵出京城。

果然不久以后，朝廷便让病重的左宗棠赶往金陵，出任两江总督。

光绪八年（1882年）四月十一日，左宗棠病势减轻，决定乘船东下，在镇江、常州、福山、苏州、太湖、吴淞等地视察江海

---

① 戈什哈：清代高级官员的侍从武弁，简称"戈什"，满语"护卫"之意。

防务。

据《左宗棠年谱》记载，左宗棠的官船在通过上海租界时，各国军、商两界人物为睹左爵相风采，俱持中国龙旗迎接，一时观者如堵。

六月初十，七十一岁的左宗棠乘船到江北阅兵后，不期在南行途中旧病复发，且愈演愈烈，回省后不仅连连咳血，头目亦开始肿烂。

可他还记挂着新疆建省的事。

朝廷再次命他进京养病，授为军机大臣，管理神机营事务。

光绪十年（1884年）七月初三，法国远东舰队突然袭击福建水师，致使福建水师七百余名官兵遇难。法国舰队随后炮轰福州船政局。大清国被迫对法国宣战。

这时，李莲英又抓住机会对慈禧太后进言，说左宗棠卧房的门旁贴了一副对子，上联是"天下衣冠京邑盛"，下联是"中兴人物楚才多"。并说左宗棠还对人说：他这副对子的前一句是说京城里皇亲国戚都是衣裳架子，什么大事都办不了，只是摆设。后一句是说，只有湖南才出国家的栋梁之材。

据说慈禧太后听后很是生气，当晚就给左宗棠下了一道圣旨："大学士左宗棠，着授为钦差大臣，督办福建军务。"

左宗棠无奈之下，只好抬上棺椁，抱病出京。

光绪十一年（1885年）六月十八日，病中的左宗棠从战略的高度，给朝廷口授了《台防紧要请移福建巡抚驻台镇摄折》，指出："台湾孤注大洋，为七省门户，关系全局，请移福建巡抚驻台湾。"该折的最后，左宗棠建议台湾设立行省，以固海洋门户。

七月二十七日，左宗棠薨逝于福州钦差大臣行辕，年七十有四。

这就是左宗棠，一个把官场潜规则打得稀巴烂的晚清名臣；一个四十多岁才正式进入官场，不足一年便升为二品巡抚的大清奇才；一个让朝廷打破祖宗成法，破格一榜拜相的湖南骄子；一个永不言败、从不议和，生前便被封侯的清朝诸葛；一个外国人眼里，对中国国土贡献最大的一代名相。

附　录

左宗棠大事年表

嘉庆十七年（1812年），左宗棠出生。

道光十一年（1831年），左宗棠二十岁，考入长沙城南书院，靠书院膏火以佐食。

道光十二年（1832年）四月，左宗棠捐监生，以监生资格入场乡试，得中十八名举人。八月，入赘周家，娶周诒端为妻。同年冬，北上入京会试。

道光十三年（1833年），左宗棠首次跨入会试考场，不中。作《癸巳燕台杂感》诗八首，其中一首大胆表露了在新疆屯田和建省的设想。回乡后，左宗棠耻于在女家讨食，决定借屋另居。此时他仅靠禄米过活，继续讲求学问，准备二次会试。

道光十五年（1835年），左宗棠二次进京会试，仍落第。回乡之后，左宗棠一边继续求学，一边开始自己编绘地图。

道光十七年（1837年），两江总督陶澍回籍省墓，约左宗棠相见于行馆，彻夜交谈，成莫逆之交。

道光十八年（1838年），左宗棠第三次赴京参加会试，仍落第，从此绝意科举，决定一生致力于农事，并与陶澍之婿胡林翼结为好友（胡此时为翰林院编修）。

道光十九年（1839年），陶澍病逝于任所，遗书左宗棠，嘱其代己教授未成年之子。

道光二十年（1840年），左宗棠带侍妾至陶家，设馆教授陶子，并帮同料理家事。左得以遍读陶馆所藏之书，大受益。不久，胡林翼丁忧亦来到陶家。

道光二十三年（1843年），左宗棠用所得束脩于湘阴南乡柳家冲购置田产七十亩，又大兴土木造屋，成富户，规模已超过岳父周家。左宗棠自号湘上农人、今亮。年底，又纳柳氏为妾。此后，左宗棠将农事尽付管家，开始研究兵事，颇有所获。

道光二十九年（1849年），奉命以钦差大臣督办广西军务的林则徐赴任途中路过长沙，约左宗棠相见于舟中。林则徐对左宗棠之所学大赏，诚邀入幕，相约在广西会面。林则徐离去不久即病逝途中。太平军欲攻长沙，左宗棠为避兵祸，入东山白水洞建屋，自称山人，意即远离名利。

咸丰元年（1851年），郭嵩焘约左宗棠进京会试，左不就。

咸丰二年（1852年），左宗棠四十一岁，入湖南巡抚张亮基幕府，被任以兵事。

咸丰三年（1853年）正月，左宗棠因"防守湖南有功"，赏七品顶戴以知县用，并加同知衔。正月十二日，张亮基升调湖广总督，左亦随行，仍佐兵事。四月，因功赏从六品同知衔以直隶州用。九月初四，张亮基授山东巡抚，左宗棠辞归白水洞居住。

咸丰四年（1854年）三月，左宗棠入湖南新任巡抚骆秉章幕，佐骆秉章兵事。

咸丰五年（1855年），朝廷下诏着百官举荐人才，丁忧侍郎湖南团练大臣曾国藩与御史宗稽辰皆首列左宗棠，称其"不求荣利，迹甚微而功甚伟。若使独当一面，必不下胡林翼诸人"。湖北巡抚胡林翼则称颂左宗棠"才学过人，于兵政机宜、山川险要，尤所究心""其力能兼江西、湖北之军，而代臣等为谋"。咸丰六年（1856年）正月，授五品顶戴以兵部郎中用。

咸丰八年（1858年）九月，诏赏加左宗棠为四品卿衔。冬，代骆秉章起草奏折参劾永州镇总兵樊燮。湖广总督官文随后怒参左宗棠。

咸丰十年（1860年）正月，左宗棠决定进京会试，但行至半路因故取消计划。四月，命以四品京堂候补随同曾国藩襄办军务。五月，得曾国藩准许，回乡募勇。

咸丰十一年（1861年）一月，率楚勇在景德镇打败太平军，上赏三品顶戴，以三品京堂候补。五月，诏授太常寺卿，仍留营。七月，咸丰帝崩。后慈禧太后联合恭亲王发动政变，年底，照曾国藩所请，上命左宗棠督办浙江军务，后又赏二品顶戴补授浙江巡抚。

同治二年（1863年）三月，赏头品顶戴补授闽浙总督，兼署浙江巡抚。

同治三年（1864年）二月，收复杭州，因功赏加太子少保衔，赏穿黄马褂。是年，胡雪岩入幕。八月，浙江全部收复。十月，诏封一等伯爵。

同治五年（1866年），左宗棠奏请设立福州船政局，举日意格为正监督，德克碑为副监督。八月，因西捻军张宗禹入陕，调任陕甘总督，临行，举荐江西巡抚沈葆桢为船政大臣。

同治六年（1867年）正月，授钦差大臣督办陕甘军务。

同治七年（1868年）五月，西捻军打回京师，将左宗棠革职留任，交部严议。七月，镇压西捻，上开除所有处分，赏左宗棠太子太保衔，晋三公，准其进京觐见。八月初十，入住京师贤良寺。十二日，赏紫禁城骑马。十月，出都回任。

同治九年（1870 年）二月，夫人周诒端病殁湘阴；年底，长子孝威亦病殁。

同治十年（1871 年）镇压陕甘起义，赏加一等骑都尉世职。

同治十二年（1873 年）朝廷破格升授一榜出身的左宗棠为协办大学士，并赏以一等轻车都尉世职，开大清开国一榜不许拜相的先河。清朝一榜拜相，仅左宗棠一人。

光绪元年（1875 年）三月，补东阁大学士授钦差大臣督办新疆军务。左宗棠奏请准借洋款以对新疆用兵，上准。九月，创办兰州火药局，筹集西征粮饷各事。

光绪二年（1876 年）三月，左宗棠六十五岁，亲率亲兵十哨、马队四起，从兰州动身赴肃州指挥作战。麾下第一悍将刘锦棠率军出关进疆。

光绪四年（1878 年）正月，新疆南路八城一律收复，加恩由一等伯爵晋二等侯。十一月，奏请设立新疆阿克苏制造局、库车火药局和新疆铁厂，诏准。

光绪六年（1880 年）四月，左宗棠为尽快从沙俄的手中收复伊犁九城，率兵抬棺榇进疆。五月，抵哈密。七月，诏左宗棠进京觐见。密举刘锦棠接署钦差大臣，金顺、张曜分任北南二路帮办。同年，兰州织呢局设立。

光绪七年（1881 年）正月，左宗棠抵京，陛见后命以大学士授军机大臣、总理衙门大臣。后突发急病，不能理事，奏请开缺本兼各职，不准，赏假在京养病。九月，补授两江总督。十一月，离京南下赴任，转道回籍省亲省墓。

光绪八年（1882年）二月，命以两江总督兼南洋通商大臣。九月，新疆设立行省，诏刘锦棠为新疆首任巡抚。

光绪十年（1884年）正月，病发，请求开缺，上准其回籍。因中法战事，改命其进京任职。五月，抵京，授军机大臣管理神机营事务。七月，法军轰毁福州船政局。同月，光绪帝寿诞，因老病未往参拜遭御史弹劾，交部严议。后以七十三岁高龄授钦差大臣赴福州督办福建军务。

光绪十一年（1885年）正月，左宗棠抵福州，抱病巡视沿江防务及福州船政局。旋病发，不能理事，上折请开缺分，旨命在任所养病。六月，抱病上折奏请福建巡抚驻台湾。七月，病势加重，不久薨逝，享年七十四岁。上赐谥号文襄以昭其功，立功省份及原籍准予建祠。

近代史小常识

科 举

院试：由一省的学政主持，是为了取得参加正式科举考试的资格先要参加的一种考试，考取者入县学，习惯称秀才。

乡试：三年一科，在一省或几省举行，由皇帝钦命主考官、副主考官，录取者即为举人。第一名称解元。

会试：集中举人会试之意，三年一科，在京城举行，共分三场。三场全部通过者还要进行殿试。殿试由皇上亲自主持。共分三甲，一甲赐进士及第，二甲赐进士出身，三甲赐同进士。一甲第一名称状元。

两榜出身：乡试中举人为一榜，又称乙榜；中举人又中进士者为两榜，又称甲榜。

官 署

翰林院：掌编修国史、起草诏书、考议制度等事。最高长官为掌院学士（从二品），属官有侍读学士（从四品）、侍讲学士（从四品）、侍读（从五品）、侍讲（从五品）、修撰（从六品）、编修（正七品）、检讨（从七品）等。

都察院：是监察、弹劾及建议机关。最高长官为左都御史（从一品），属官有左副都御史（正三品，例由在京部、院大臣兼）、六科掌印给事中（正四品）、御史（从五品）等。右都御史（从一品）例由地方总督兼，右副都御史（正三品）例由地方巡抚兼。

大理寺：掌刑狱案件审理。最高长官为大理寺卿（正三品），属官有大理寺少卿（正四品）、大理寺左右寺丞（正六品）、大理寺左右评事（正七品）等。

太仆寺：掌马政。最高长官为太仆寺卿（从三品），属官有太仆寺少卿（正四品）、太仆寺员外郎（从五品）、太仆寺主事（正六品）、太仆寺主簿（正七品）等。

太常寺：掌宗庙礼仪。最高长官为太常寺卿（正三品），属官有太常寺少卿（正四品）、太常寺员外郎（从五品）、太常寺满汉寺丞（正六品）、太常寺协律郎（正八品）、太常寺汉赞礼部（正九品），太常寺司乐（从九品）等。

詹事府：为辅导东宫太子之机构，是文学侍从、词臣迁转之阶。原归翰林院，后单设。最高长官为詹事府詹事（正三品），属官有詹事府少詹事（正四品）、詹事府左右春坊庶子（正五品）、詹事府左右春坊中允（正六品）、詹事府左右春坊赞善（从六品）、詹事府主簿（从七品）等。

宗人府：是管理皇家宗族事务的机构。最高长官称宗人府令（正一品），由宗室王公大臣兼领，属官有宗人府丞（正三品）、宗人府理事（正五品）、宗人府副理事（从五品）、宗人府经历（正六品）等。

吏部：掌全国文官品秩、铨叙、课考、黜陟和封授。最高长官为尚书（从一品），副官左右侍郎（正二品），属官有通政使司通政使（正三品）、通政使司副使（正四品）、郎中（正五品）、员外郎（从五品）、主事（正六品）等。

户部：掌全国疆土、田地、户籍、赋税、俸饷及一切财政事宜。其内部办理政务按地区分工而设司。各司除掌核本省钱粮外，亦兼管其他衙门的部分庶务，职责多有交叉。清朝还设有掌管八旗事务的八旗俸饷处及现审处。隶于户部的机构有：掌铸钱的钱法堂及宝泉局，掌库藏的户部三库，掌仓储及漕务的仓场衙门。最高长官与属官设置同吏部。

礼部：掌礼仪、祭祀、贡举、教育等事。最高长官与属官设置同吏部。

工部：掌各项工程、工匠、屯田、水利、交通等事。最高长官与属官设置同吏部。

兵部：掌全国武官黜陟、兵籍、军械、关禁、驿站等。最高长官与属官设置同吏部。

刑部：掌全国刑狱。最高长官与属官设置同吏部。

总理各国事务衙门：简称总理衙门、总署、译署。是清政府为办理洋务及外交事务而特设的中央机构，咸丰十年底（1861年初）设立，初名"总理各国通商事务衙门"。总理衙门由王大臣或军机大臣兼领，并仿军机处体例，设大臣、章京两级职官。

总理海军事务衙门：简称海军衙门，是清末管理海军事务的机构。光绪十一年（1885年）十月设立，由醇亲王奕譞为总理，庆郡王奕劻、北洋大臣李鸿章为会办，正红旗汉军都统善庆和兵部右侍郎曾纪泽为帮办。中日甲午战争北洋海军覆灭后，该衙门亦裁撤。

督办政务处：清政府为推行新政而设置的办事机关，光绪二十七年（1901年）设立。负责制定新政的各项措施，掌管各地官吏的奏章，办理全国学校、官制、科举、吏治等事务。

外务部：光绪二十七年（1901 年）设置，取代总理各国事务衙门掌管对外交涉，班列六部之上。设有总理、亲王、会办尚书、侍郎等官。

军机处：清代辅佑皇帝的政务机构。雍正八年（1730 年）以用兵西北，设军机房，越三年改称办理军机处，简称军机处。于大学士、尚书、侍郎中选拔人员入直，称军机大臣，即大军机。任命时按各人资历分别称为军机处行走、大臣上行走、大臣上学习行走等。下设军机章京，习惯称小军机，掌缮写谕旨，记载档案，查核奏议等。

国子监：封建王朝的中央教育机构。清代设管理监事大臣，在大学士、尚书、侍郎内特简；次设祭酒、司业；属官有监丞、博士、助教、学正、学录、教习等。在地方设府、州、县学，在京师设国学，选入学习者称国子监生。原有住监课读的规定，后来渐成空文。

上海电报局：即原来的大北电报公司，是由丹麦、挪威、英国、俄国四国公使联合创设的通信机构，垄断大清对海外的收、发电报业务。

同文馆：亦称"京师同文馆"。清末最早的"洋务学堂"。同治元年（1862 年）为培养翻译人员，由恭亲王奕䜣等奏设，在北京成立，附属于总理各国事务衙门。先只设英、法、俄文三班，后陆续增设天文、算学及德文、日文等班。光绪二十七年（1902 年 1 月），并入京师大学堂。

公使馆：是国家的驻外机构，最高长官为公使，下设副公使、参赞、武官等。光绪元年（1875 年）始设。

官　名

殿、阁大学士：为正一品，相当于宋朝的丞相，由皇上指定分管的部、院。

协办大学士：为从一品，地位低于殿阁大学士高于各部院尚书。

总督：掌一省或几省军民要政者为正二品。兼殿阁大学士者为正一品，兼协办大学士或都察院右都御史、兵部尚书者为从一品。总督侧重于军政。

巡抚：掌一省的军、民、吏、刑各项，为从二品，地位略低于总督。兼都察院右副都御史或礼部侍郎者为正二品。巡抚侧重于民政。

道：道台、道员的简称，为正四品。清于各省设道员，类别有二：一类专司一事，如粮道、河道、盐法道等；一类为分守道、分巡道，均辅助布政、按察二使，巡察辖区政事。道员为四品，见上司不称下官，称职道。

公使：亦称星使、使者、使节、大使。是公使馆的主要负责人，有一、二等之分。

参赞：外交官员的一级，是公使的主要助理人。公使不在时，一般都由参赞以临时代办名义暂时代理使馆事务。参赞有一、二等之分，没有固定品级。

总税务司：旧中国统辖全国海关税务的官员。咸丰四年（1854年），英、美、法三国乘小刀会起义之机，夺取上海海关行政权。

次年，三国领事与清吏吴建彰订立协定，由三国领事各派税务司一人，组织海关税务管理委员会。咸丰九年（1859 年），英国迫使南洋通商大臣任英国人李泰国为总税务司。咸丰十一年总理衙门加委李泰国为中国总税务司。同治二年（1863 年），李泰国回国，英国人赫德继任，直任至光绪三十四年（1908 年）回国。

清朝的爵位

清朝的爵位分宗室爵位、异姓功爵位（或称功臣世爵）和蒙古爵位。这里主要涉及的是功臣世爵。功臣世爵分公、侯、伯、子、男五等，世袭罔替。

其中，公爵、侯爵、伯爵是超品，子爵是一品，男爵是二品。具体级别如下：

公爵：一等公爵、二等公爵、三等公爵。

侯爵：一等侯爵兼一云骑尉世职、一等侯爵、二等侯爵、三等侯爵。

伯爵：一等伯爵兼一云骑尉世职、一等伯爵、二等伯爵、三等伯爵。

子爵：一等子爵兼一云骑尉世职、一等子爵、二等子爵、三等子爵。

男爵：一等男爵兼一云骑尉世职、一等男爵、二等男爵、三等男爵。